KB106708

Self-Teaching

개정판

셀프티칭
Self-Teaching

나와의 대화를 시작하며

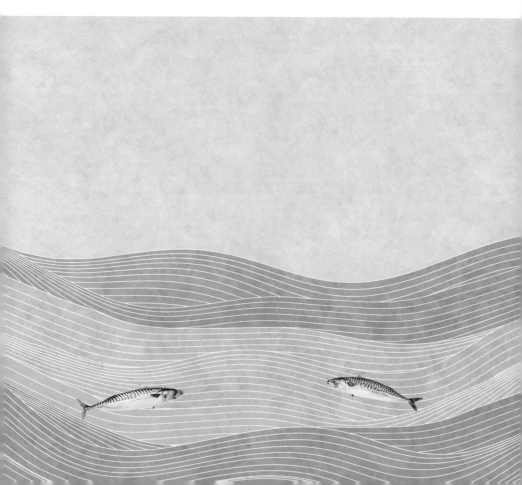

1부. 나와의 대화를 시작하며

2부. 알아챔과 눈치챔으로 가는 길

3부. 내면의 소리와 영적 능력

4부. 영의식의 확장과 영혼의 진화

5부. 혼의식의 정화와 상위자아 합일

우데카 팀장의 글을 읽는 방법

빛의 생명나무에서 출간한 의식상승 시리즈는
우데카 팀장과 빛의 일꾼들이
지상에서 만들어지는 과정에서 탄생한 글입니다.

처음부터 모든 걸 알고 쓰여진 글이 아닙니다.
하늘에 대해 아무것도 모르는 사람들이 모여서
하늘에 대해 조금씩 조금씩 알아가면서
시행착오의 과정속에서 쓰여진 글입니다.

때로는 다운로딩의 방식으로
때로는 채널러팀의 도움을 받아서
때로는 그냥 아는 방식으로
퇴고나 수정없이
한 호흡에 쓰여진 글입니다.

의식이 깨어나기 전 오래전에 쓰여진 글과
의식이 확장되고 난 후에 쓰여진 글들 사이에
간격이 나타날 수밖에 없었습니다.

빛의 생명나무에서 출간한 의식상승 시리즈는
하늘의 실체를 알아가는 과정에서 겪을 수밖에 없었던
아픔의 기록입니다.
빛의 생명나무에서 출간한 의식상승 시리즈는
태극과 무극의 세계에 존재하는
우주의 법칙과 우주의 공리가
물질세계에서 어떻게 펼쳐지고 있는가를
기록한 글입니다.

최근에 쓰여진 글일수록 상대적으로
완성도가 높습니다.
의식이 확장되는 과정에서 쓰여진 글들은
그 나름대로의 맛과 풍미가 있을 것입니다.
부족한 부분들은 개정판을 통하여
수정 보완하는 작업이 이루어질 것입니다.

영성인과 종교인

영성인은
삶이 신성한 영혼의 여행이라는 것을
믿는 사람들을 말합니다.
종교인은
인격화된 신의 가르침을 믿고 따르며
실천하는 사람을 말합니다.

영성인은
자연에 존재하는 만물은 그 자체로 신성하며
모든 만물은 신성한 영혼이 거하고 있다는 것을
믿는 사람들을 말합니다.
종교인은
신성의 중심에 인격화된 신이 있으며
인격화된 신을 신격화하여
믿음의 중심으로 삼고 있습니다.

영성인은
보이지 않는 세계를 믿고 있으며
보이지 않는 세계의 본질에 접근하기 위해
내 안에 있는 신성한 본성이
신의 본성과 다르지 않다는 것을
믿는 사람을 말합니다.

종교인은
보이지 않는 세계를 믿고 있으며
보이지 않는 세계의 본질에 접근하기 위해
내 안에 있는 신성을 믿기보다는
성인의 가르침을 통해
성인의 도움을 받아서
성인의 보호를 먼저 받아야 한다는 의식이
강한 사람들을 말합니다.

영성인은
보이지 않는 세계가 있다는 것을 믿고 있으며
보이지 않는 세계에 의해
모두 연결되어 있다는 것을 믿으며
나의 신성과 신의 신성이
서로 다르지 않다는 것을
믿는 사람들을 말합니다.

종교인은
보이지 않는 세계가 있다는 것을 믿고 있으며
보이지 않는 세계의 중심에
내가 믿는 신이나 성인이 있습니다.
나보다는 내가 믿는 신이 더 신성하다고 믿고 있습니다.

영성인은
눈에 보이는 것만을 믿지 않으며
형식이나 절차에 얽매이지 않으며
예의나 규율보다는 자유분방한 성향이 강합니다.

종교인은
눈에 보이는 것만을 믿지 않으며
경전에 있는 계율을 중요시하며
예의나 형식을 중요시 여깁니다.

영성인은
눈에 보이는 것만을 믿지 않으며
영적인 깨달음은
기도와 수행의 방법보다는 직관이나 느낌을 통하여
영감을 통하여 일어난다고 믿고 있습니다.
종교인은
눈에 보이는 것만을 믿지 않으며
깨달음을 얻기 위해서는
신을 만나기 위해서는
기도와 수행이 꼭 필요하다고 믿고 있습니다.

영성인은
보이지 않는 세계를 믿습니다.
신을 만나기 위해서는
진리를 만나기 위해서는
내 안의 신성한 영이 먼저 깨어나야 한다고 믿고 있습니다.
내 안의 신성함을 깨우기 위해서는
나의 의식이 늘 깨어 있어야 하며
나의 의식이 먼저 깨어나야 한다고 믿고 있습니다.
영성인은
보이지 않는 세계를 믿습니다.

신과 나는 분리되어 있는 것이 아니라
나는 신의 일부이며
신은 모든 것의 총합이라고 믿는 사람들입니다.
신을 만나기 위해서는
진리를 만나기 위해서는
신의 옷을 입고 있는 자연과의 교감이 필요하며
신의 옷을 입고 있는
나와의 소통과 대화가 필요하다는 생각을 가지고 있습니다.

종교인은
눈에 보이지 않는 세계를 믿으며
신을 만나기 위해서는
진리를 만나기 위해서는
신의 마음을 얻어야 하고
신을 찬양해야 하며
신이 싫어하는 행동과 말을 하지 말아야 합니다.
신을 기쁘게 해야 하고
신을 본받아야 하며
신이 하지 말라는 것은 하지 않아야 한다고
생각하고 있습니다.

종교인은
눈에 보이지 않는 세계를 믿으며
신을 만나기 위해서는
진리를 만나기 위해서는
하늘의 마음을 얻어야 된다고 믿는 사람들입니다.

하늘의 마음을 얻기 위해
금욕을 하고
기도와 수행을 하며
하늘을 잘 섬겨야 한다는 생각이 강합니다.
죄를 짓지 말아야 하며
마음을 청정하게 하기 위해 명상과 디크리를 하면서
선을 쌓고 공덕을 쌓아야 된다고
그렇게 믿고 있으며
그렇게 실천하고 있습니다.

종교인은
보이지 않는 세계를 믿습니다.
종교인에게 신은 은총과 은혜를 주는 존재이며
종교인에게 신은 내가 사랑하는 대상이며
종교인에게 신은 본받아야 되는 존재입니다.
종교인에게 신은 인간에게 있는 부정적인 것은 하나도 없는
완전하고 순결하며 전지전능한 존재입니다.
종교인에게 신은 만물의 주인이며
종교인에게 신은 만인의 왕입니다.

종교인은
보이지 않는 세계를 믿습니다.
종교인에게 신은 화를 내고
종교인에게 신은 죄를 심판하기도 하지만
종교인에게 신은 나를 구원해 줄
유일한 존재라는 것을 알고 있습니다.

종교인에게 신은 나에게 복을 주고
나의 기도를 들어주고 우리 가족을 지켜주는
아주 고마운 존재입니다.

영성인은
보이지 않는 세계를 믿습니다.
영성인에게 신은 아버지이며 어머니입니다.
영성인에게 신은 친구이며 애인입니다.
영성인에게 신은 나를 둘러싼 모든 것입니다.
영성인에게 신은 보이는 세계와
보이지 않는 세계를 연결해 주는 사다리입니다.
영성인에게 신이 아닌 것은 아무것도 없습니다.
영성인에게
자연은 신의 깃발이며
모든 생명은 신의 숨결로
서로 연결되어 있음을 알고 있습니다.

이 글을 읽고 있는 당신은
종교인입니까?
아니면 영성인입니까?

당신의 건승을 빕니다.

2019년 1월
우데카

내가 나와의 대화를 시작한다는 것은

나와의 소통이 시작된다는 것이며

타인과의 소통도 준비되는 것이며

모든 살아있는 생명체들에게 보내는 대화이며

내 안의 큰 나인 상위자아와의 소통을 통하여

내가 나를 스스로 셀프티칭 할 수 있다는 것입니다.

1부

나와의 대화를 시작하며

작은 나와 큰 나

마음이 옹졸해질 때면
마음이 조화와 균형을 잃었을 때에는
바늘 하나 꽂을 틈도 없이 완고해진 나를 바라보다
'이것이 과연 나라는 사람인가'
'나라는 사람이 이것 밖에는 안되는 사람인가'라는
후회와 절망을 느낀 적이 많이 있으실 겁니다.

내 안에 있는 큰 나라는 사람이 살고 있을 때는
세상 모든 것이 아름다워 보이고
가슴이 열려 세상 모든 것을 품을 수 있을 만큼
샘물같은 사랑이 한없이 솟아나오기도 합니다.
때로는 가슴에 요정이 살기도 한답니다.
내 안에 큰 나라는 사람이 살아서 활동할 때는
연민의 마음이 살고 있으며
길가에 피어 있는 꽃들과 대화도 할 수 있습니다.
세상 만물과도 소통할 수 있었을 것입니다.

내 안에 큰 나가 활동할 때면
인간극장이나 슬픈 영화를 보면서
눈시울이 붉어지며
가슴이 찡하게 울리는 경험도 있었을 것입니다.

내 안에 큰 나가 살아서 활동할 때는
친구들에게 통크게 한번 쏠 때도 있고
가족들에게도 크게 한번 사심없이
인정과 의리를 마음껏 베풀어 보신 경험들이 있을 것입니다.

내 안에는 큰 나와
작은 나가 함께 살고 있습니다.
평소엔 내 안의 큰 나가
작은 나를 이기면서 잘하다가도
한순간 일어나는 정의감을 참지 못하고
한순간 일어나는 분노와 화를 참지 못해서
일을 크게 만들고
일을 크게 망치고
시기심과 질투심을 드러내고
한순간에 옹졸한 사람이 되어 버리기도 합니다.
내 안의 한없이 작은 나가
큰 나를 지배하게 됩니다.

큰 나도 내 안에 있으며
작은 나도 내 안에 있습니다.
내 안에 큰 나가 작동할 때보다는
작은 나가 나타날 때가 많은 것이
3차원 물질세계를 살고 있는
에고가 남아 있는
우리네 삶의 단편인 것입니다.

모든 것은 다 내 안에 있습니다.
죽을 만큼 힘들고
되는 일이 없으며
물질세계의 번뇌와 고민이 끊어지지 않으며
가족들과의 갈등 속에서
삶의 무게로 힘들 때마다
내 안의 큰 나는 잠자고 있으며
깨워주기를 바라고 있습니다.

내 안의 큰 나는
언제나 그 자리에 있습니다.
어디로 가거나
자리를 비운 것이 아니라
언제나 내 안에 그대로 있어 왔고
앞으로도 그 자리에 그대로 있을 것입니다.

내 안의 큰 나를 깨우기 위해서는
먼저 여러분들의 의식이 깨어나야 합니다.
지식과 지혜를 통해 두려움을 극복해야 합니다.
내 안의 작은 나에게 지속적인 에너지를 공급하며
나를 옹졸하게 만드는 것은
부정적 에너지의 바탕 에너지인 두려움입니다.

내 안의 큰 나를 깨우기 위해서는
의식이 깨어나야 합니다.

의식의 깨어남은 진리를 통해서 이루어집니다.

의식의 깨어남은

사랑을 배우면서

사랑을 체험하면서

사랑을 실천하면서 이루어지는 것입니다.

의식이 깨어난다는 것은

큰 나가 작은 나를 품어주는 것입니다.

내 안에 큰 나가 작은 나를 극복하는 과정이

사람이 철이 들어가는 과정이며

머리에서 가슴으로 내려오는 과정이며

의식은 그렇게 들판에 곡식이 익어가듯 깨어나는 것입니다.

순간 순간 나를 방문하는

작은 나를 그러면 어떻게 할 것인가?

힘들고 어려울 때마다

우리는 도와줄 누군가를 찾고 있으며

간절한 도움을 기다리고 있습니다.

순간 순간 작은 나가 방문할 때마다

우리는 큰 나를 찾아 길을 떠나기도 합니다.

신을 찾고

스승을 찾고

친구를 찾고

애인을 찾고

외부에서 진리를 찾고 있습니다.

이럴 땐 조용히
자기 자신에게 말을 걸어 보세요.
내가 나의 선생님으로 나를 가르쳐 보고
내가 나의 스승이 되어 보고
내가 나에게 친구가 되어 주고
내가 나에게 애인이 되어 주면서
내가 나를 스스로 가르치고
배우는 학생이 되어 보십시오.
이것이 '셀프티칭(self - teaching)'입니다.

에고로 가득차 있는 내 안의 작은 나를
누가 감당할 수 있겠습니까?
욕심과 욕망으로 가득찬 내 안의 작은 나를
친구가 감당할 수 있겠습니까?
혼의식이 주관하고 있는 내 안의 작은 나를
신이 감당할 수 있겠습니까?
두려움과 공포의 에너지를 발산하는
내 안의 작은 나를
사랑하는 사람이 감당할 수 있겠습니까?

내 안의 작은 나가 일으키는 문제는
외부에서 해결할 수 없습니다.
내 안의 작은 나가 일으키는 부정의 에너지는
내 안에 있는 큰 나를 통해
내부에서 해결해야 합니다.

내 안에 있는 큰 나의 의식을 통해
내 안에 있는 작은 나의 문제를 해결하려는 시도가
셀프티칭이 갖는 의미입니다.

셀프티칭은
내 안의 큰 나의 의식을 깨우는 기술이며
내 안의 큰 나의 의식을 깨우는 방법론입니다.

나와의 대화를 시작하며

나를 바라보며
나를 믿고
나를 사랑하며
나를 의지하는 것이야말로
셀프티칭의 최고의 경지입니다.

나를 나의 친구로 삼는다면
당신은 참 행운을 잡으신 분입니다.
세상에서 나를 가장 잘 아는 사람은
내 친구도 아니고
내 가족도 아니고
내가 사랑하는 애인도 아닌
바로 나 자신입니다.
나를 가장 잘 알고 있는 사람은
바로 자기 자신입니다.

누군가를 진실로 안다는 것은 힘든 일입니다.
누군가를 진실로 이해한다는 것은 어려운 일입니다.
나 자신을 누구보다도 내가 잘 알기에
나를 쉽게 이해할 수 없었고
나를 쉽게 용서할 수 없었으며

나를 믿을 수 없었으며,
나를 의지할 수 없었습니다.
나를 사랑한다는 것은
더욱 힘들게 되어 버렸습니다.

나의 모순들을 누군가 드러낼 때면
화가 나고
분노가 일고
자존심마저 상해서
더 크게 소리질러 보지만
그럴수록 나를 향한 실망감이 커지고
어떻게 이 상황을 해결할 것인지에 대해
나와 상황을 동일시하는
감정의 오류와
판단의 오류에 빠져들곤 하였습니다.

내가 나를 용서하지 못하는데
누구를 용서할 수 있겠는가?
내가 나를 믿지 못하는데
누구를 믿을 수 있겠는가?
내가 나를 사랑하지 못하는데
누구를 사랑할 수 있겠는가?

나를 사랑하는 제일 좋은 방법은
나와의 대화를 시작하는 것입니다.

내가 나와 대화를 시작했다는 것은
나와의 소통이 시작된 것입니다.
내가 나와의 대화를 시작했다는 것은
내가 나를 용서하기 시작했다는 것입니다.
내가 나와의 대화를 시작했다는 것은
두려워하지 않는다는 것이고
부끄러움 앞에 발가벗을 수 있다는 것입니다.
내가 나와의 대화를 시작했다는 것은
사물의 본질에 접근할 수 있다는 것입니다.
나라는 사람과
나라는 사람이 처해있는 상황을
동일시하는 오류에서 벗어나
있는 그대로를 볼 수 있을 만큼
의식이 깨어났음을 의미합니다.

내가 나와의 대화를 시작한다는 것은
나와의 소통이 시작된다는 것이며
타인과의 소통도 준비되는 것이며
모든 살아있는 생명들에게 보내는 대화이자
사랑이 확장되고 있는 것입니다.

마음속으로
오늘의 우데카가
우데카에게 조용히 말을 걸어 봅니다.

우데카 당신은

오늘 많이 옹졸해 있습니다.

그 에너지의 시작점이 어디인지 잘 살펴보세요.

그 에너지는 당신이 창조한 감정의 찌꺼기이며

우데카 당신에게 있는 부정적인 에너지가

그 상황에서 에너지의 법칙에 의해 반응한 것입니다.

당신을 옹졸하게 만든 그 에너지는

우데카 당신이 인지하지 못하는

깊은 무의식속에 머물고 있다가

똑같은 환경

똑같은 조건

비슷한 상황이 되었을 때 드러난

우데카 당신의 에너지입니다.

당신이 불쾌감을 느낀

그 사람과

그 상황에는

처음부터 아무 문제가 없습니다.

당신이 불편하다고 느낀 그 사람과 상황은

예전에도 있었고

앞으로도 있을 것입니다.

모든 것은 에너지의 법칙속에 있습니다.

에너지의 법칙에는 잘못되는 것이 없으며

일어날 일이 일어난 것뿐입니다.

우데카 당신이 어떤 상황에서
부정성이 일어나 옹졸해져 있다면
그 상황과 그 사람에게는
아무 잘못이 없다는 것입니다.
그 상황과 그런 사람은
늘 거기에 있을 것이기 때문입니다.
우데카 당신에게 머물고 있는
부정적인 에너지가
더 문제라는 걸 인식하세요.

기억이 나신다면
머뭇거리지 마시고
용기를 내 풀어 보세요.
그리고 그 에너지를 당신에게서
분리하고 빼내 보세요.
그 불쾌감을 주었던 에너지로부터
우데카 당신은 자유로워질 것입니다.

이것이 에너지의 법칙이며
에너지의 법칙속에 셀프티칭이 있습니다.
셀프티칭의 기술속에
나와의 대화가 갖는 의미가 있습니다.

생각 멈추기 : 에고

내 안에는 참 많은 내가 있습니다.
내가 숨을 쉬고 살아있는 한
끊임없이 올라와 나를 괴롭히는
생각이라는 것이 있습니다.
내가 살아있는 매 순간마다
나도 잘 모르는 내 마음이 있으며
어디로 튈지 모르는 내 감정도 있으며
매 순간 판단속에 있어야 하는 이성도 있습니다.

내 안에는 참 많은 내가 있습니다.
내가 죽지 않고 숨을 쉬고 살아가는 한
늘 판단속에 있습니다.
내 판단속에는
생각과 감정이 있고
느낌과 논리가 있습니다.
내 판단속에는
이해가 잘못되어 생기는 오해가 있으며
착각과 판단의 순간이 있습니다.

내 안에는 참 많은 내가 있습니다.
끊임없이 솟아오르는 성욕이 있으며

끊임없이 외롭다고 속삭여주는 내가 있으며
돈이 늘 부족하다고 생각하는 내가 있으며
성공하지 못해서 늘 불만투성이인 내가 있으며
과거에 한 실수로 인해 부끄러워지는 내가 있습니다.

내 안에는 참 많은 내가 있습니다.
사랑받지 못해 늘 부러워하는 내가 있으며
나를 사랑해달라고
나를 믿어달라고
나를 알아달라고
다 알면서 떼를 쓰고
미련한 사랑을 하고 있는
미련한 내가 있습니다.

내 안에는 참 많은 내가 있습니다.
걱정과 근심이 많아 잠 못 드는 내가 있으며
불안하고 안절부절 못하는 내가 있으며
화내고 짜증내고 소리지르는 내가 있습니다.
마음이 옹졸해질 때면 바늘 하나 꽂을 틈도 없이
모든 마음의 문을 닫아 걸고 괴로워하는 내가 있습니다.

내 안에는 참 많은 내가 있습니다.
내 마음을 몰라준다고
내 마음을 알아달라고
삐치고 돌아서는 내가 있습니다.

상처입고 아파하면서
내 마음은 꼭꼭 숨긴 채
누군가의 도움을 간절히 기다리고 있는 내가 있습니다.

내 안에는 참 많은 내가 있습니다.
늘 부족하다는 의식속에
늘 부족한 현실을 창조하는
늘 부족한 내가 있습니다.
늘 결핍속에 있다는
물질의 매트릭스속에서 살아갈 수밖에 없는
부족한 내가 있습니다.

내 안에는 참 많은 내가 있습니다.
내 삶의 아픔과 고통이 제일 힘들다고
제일 고통스럽다고 어렵다고
내가 처한 상황을 늘 과장하는 내가 있습니다.
도망을 치고 도망을 쳐봐야
도망갈 곳도 숨을 곳도 없다는 것을 알면서도
어리광을 피우다가 일을 크게 만드는 내가 있습니다.

내 안에는 참 많은 내가 있습니다.
생각속에 고민속에 번민속에
나의 에너지를 끊임없이 고갈시키며
부정적인 에너지를 끊임없이 발산하는
나의 에고(ego)가 있습니다.

부정적인 에너지의 중심에
육신을 가진 인간으로 살면서
숙명적으로 동행해야 하는 에고가 있습니다.

내 안에서 끊임없이 올라오는
부정적인 생각을 알아차리기 바랍니다.
내 안에서 나도 모르게 내뿜고 있는
부정적인 에너지를 눈치채시기 바랍니다.
내 안에서 내가 돌보지 않아서
소외되고 방치된 나의 에고에서 내뿜고 있는
부정적인 감정들을 알아채시기 바랍니다.
내 안에서 끊임없이 올라오는 욕망과
두려움과 공포에서 나오는
부정적인 생각을 멈추어 보십시오.

부정적인 생각이 올라온다면
두려움과 공포의 에너지에 내가 머물고 있다면
그 상황에 반응하고 있는 나는
그 상황에 내던져진 나는 진짜 내가 아닙니다.
내 안에 있는 부정적인 에너지가 창조해낸
나의 에고가 본능적으로 작동되고 있다는 것을
바로 알고 눈치채 보십시오.

에고의 나와 진짜 나를 분리시켜 인식하는 순간
생각 멈추기는 이루어진 것입니다.

생각 멈추기는
마음 멈추기입니다.
생각 멈추기와 마음 멈추기를 통해
에고의 늪에 빠져 있는
진짜 나를 찾아보십시오.
에고의 늪에 빠져 허우적대고 있는
소외되고 방치된 진짜 나를 찾아보십시오.
내가 낳아만 놓고
가꾸지 않고 방치된
진짜 내 마음을 찾아보십시오.

생각 멈추기를 통해
나를 그렇게 힘들게 했던
부정적인 생각에서 벗어나십시오.
부정적인 생각이든 긍정적인 생각이든
두려움의 에너지든 공포의 생각이든
그곳에 내 마음이 있기에
그곳에 내가 힘을 실어주기 때문에
부정적인 에너지들은 확산되는 것입니다.

생각을 멈추어 보세요.
나를 그렇게 힘들게 했던
부정적인 생각들을 잠시 내려놓고
긍정적인 생각들은 더욱더 확장시켜 주십시오.
당신이 정말 괴롭고 힘들다면 생각을 멈추세요.

생각 멈추기가 되면

타인을 향한 분노와 화는 멈추게 될 것입니다.

생각이 멈추게 되면

부정적인 생각의 최종 타깃(target)은

언제나 나를 향하고 있습니다.

생각을 멈추게 되면

나를 향하고 있는

비수 또한 멈추게 됩니다.

생각이 멈춰야

분노의 감정을 멈출 수 있습니다.

생각이 멈춰야

두려움과 공포속에서 빠져나올 수 있습니다.

내 생각이 멈춰야

나를 향한 공격을 멈출 수 있습니다.

부정적인 내 생각이 멈춰야

모든 것을 반전시킬 수 있는

마음 한 자락이 자랄 수 있습니다.

생각 멈추기 : 부정성

사람이 숨을 쉬고 살아있는 한
생각을 멈추기란 정말 어려운 것입니다.
부정적인 생각이 올라오면
부정적인 감정이 생기고
부정적인 감정을 멈추는데 실패하게 됩니다.
부정적인 에너지가 나를 감싸게 되면
생각은 의지가 되고
의지는 판단이 됩니다.
판단은 행동으로 나타납니다.
나의 행동에는 부정적인 에너지를 그대로 담고 있기에
부정적인 에너지는 분노와 화로 표출되며
때로는 폭언이나 폭력으로 나타납니다.
내 안에서 끊임없이 올라오는
부정적인 생각을 멈추는데 실패하면 할수록
나의 에고는 점점 강화되는 것입니다.

생각 멈추기가 되지 않아 강화된 에고는
내 안의 작은 나에게 힘을 실어주게 됩니다.
에고에 갇힌 인간의 부정성들은
나를 더욱더 완고한 사람으로
말이 통하지 않는 사람으로 변하게 합니다.

대화가 단절이 되고 나면
상황들은 점점 악화되기 시작합니다.
멈춰야 할 때 멈추지 못한 부정성은
극단적인 파국의 사태를 만들고
타인에게 상처를 주게 되고
나 또한 상처를 입게 됩니다.
멈춰야 할 때 멈추지 못한 부정성은
타인과의 관계속에서
타인의 자유의지를 심각하게 침범하는
카르마가 발생하기도 합니다.

생각을 멈추기 위해서는
부정적인 생각을 멈추기 위해서는
부정적인 생각이 어디에서부터 발생하여 어떻게 나오는지를
살펴보고 관찰할 필요가 있습니다.

부정적인 생각의 근원에는 무엇이 있을까요?
부정적인 생각의 뿌리는 무엇일까요?
왜 나는 매사에 부정적이고
삐딱하게 생각하는 경향이 있는 것일까요?
나는 왜 타인에 대해
나는 왜 사회에 대해
부정적인 생각이 올라올 때면
생각을 멈추지 못하고
그때마다 반응하고 있는 것일까요?

어느 날은 불편한 상황이나
마음에 안드는 상황을 만나도
잘 넘어 가다가도
왜 오늘은 그 상황을 잘 넘기지 못하고
분노와 증오와 미움의 에너지를 드러내며
바늘 하나 꽂을 틈도 없는
옹졸한 사람이 되어 있습니까?

얄밉게 말하는 사람을 보고
자신을 포장하고 가식적인 말과 행동을 하고
불평불만이 많은 이기적인 사람을 보면
조금 불편한 것을 참지 못하고
꼭 얼굴에 티를 내고 있는 나를 봅니다.
내 마음에 들지 않는 사람을 볼 때마다
내 마음에 들지 않는 상황을 마주할 때마다
정의의 칼을 빼들고 지적을 하게 되는 것은 왜일까요?

그 사람이 당신에게 도움을 요청하지 않았는데
당신은 왜 그 사람을 바꾸고 싶어합니까?
그 사람이 당신에게 도움을 요청하지 않았는데
당신은 왜 함부로 충고를 하고 있습니까?
그 사람과 당신은 별로 친하지도 않는데
당신은 왜 남의 문제에 불편해하고 있습니까?
왜 당신은 타인의 단점을 보면 고쳐보려고
그렇게 애를 쓰고 있습니까?

내가 타인에게 불편하게 반응하는 모든 것은
모두 나에게도 있는 것들입니다.
내 안에서 정화되지 못하고
내 안에서 치유되지 못하고
내 안에서 소외되고 방치된
내 안의 부정적인 에너지들이
내가 제일 싫어하는 그 사람을 통하여
마음에 안드는 그 사람을 통하여
표면으로 드러난 것입니다.

나에게 있는 부정적인 에너지들이
내면 깊숙한 곳에 숨어있어
스스로 인지하지 못하고 있다가
그런 에너지를 발산하고 있는 사람을 보게 되고
나와 같은 부정적인 에너지를 발산하는 사람을 만나게 됩니다.
내 안의 부정적인 에너지와
타인의 부정적인 에너지가 만나게 되면
동기감응하게 됩니다.
내 안의 부정적인 에너지가 그 사람에게 투영되어
오히려 나의 부정성으로 나타나는 것입니다.
당신이 누군가를 보면 불편하고
당신이 누군가를 보면 부정성이 생긴다면
당신에게 있는 부정성과 그 사람의 부정성이 서로 반응하여
당신에게 문제가 있다는 것을 알려주고 있는 것입니다.
이것이 부정성(否定性)의 기원입니다.

타인에게 뿜어져 나오는 부정적인 에너지를
타인의 문제가 아닌
나의 문제로 눈치채는 것이
내 안의 부정성들을 바라보는 문제의 본질입니다.

나에게 어떠한 부정성들이 남아있지 않고
어떠한 에고도 남아있지 않다면
내 마음에 들지 않는 누군가를 만나더라도
어떠한 반응도 올라오지 않을 것입니다.
나에게 아직 정화되지 못한 에너지들이 남아있어서
내 의식의 확장이 온전하게 이루어지지 않아서 생기는
오직 내 문제이고
내가 존재하기 때문에 생기는
내가 이 상황의 본질을 정확하게 깨닫지 못해 생기는
내 문제라는 것입니다.

순간 올라오는 생각이나 판단이
부정적인 에너지임을 알아채서
생각 멈추기를 통해
부정적인 에너지에 반응하지 않는 것이
최고의 셀프티칭 기술입니다.
불편하고 마음에 안드는 상황이나
불편하고 마음에 안드는 사람을 만날 때
슬금슬금 내 안에서
부정적인 생각이나 분별심이 올라온다면

생각 멈추기를 통해
부정적인 감정이나 생각을
에너지로 인식하고
기술적으로 내 마음에서 빼내 버리면(놓아 버리면)
그냥 웃을 수 있는 것이지요.

'모든 것은 내 탓이요'는
참을성과 인내심으로 되는 것이 아닙니다.
'모든 것은 내 탓이요'는
자비심과 사랑만으로 되는 것이 아닙니다.
모든 것이 내 탓이 되는 이유는
내 안에서 일어나고 있는
모든 생각과 모든 감정들은
모두 에너지의 작용이라는 것이며
이것을 알아채고 눈치채는 것입니다.

셀프티칭은
에너지의 연금술사가 되는 기술입니다.
내 안에서 일어나고 있는 생각과 감정들은
에너지의 흐름이고
에너지의 반응이라는 것입니다.
당신의 마음과
나의 마음 또한
에너지들이 서로 반응하고 작용한 것입니다.

셀프티칭은
마음이라는 다양한 에너지를 다루는 기술입니다.
셀프티칭은
감정이라는 다양한 에너지를 다루는 기술입니다.
셀프티칭은
생각과 의식이라는 에너지를 다루는 기술을 말합니다.

생각 멈추기는
내 마음에서 수시로 올라오는 정화되지 못한
부정적인 에너지를 다루는 기술입니다.

생각 멈추기 : 자만과 교만

자기 자신만큼 자신을
잘 아는 사람도 없으며
자기 자신만큼 자신을
잘 모르는 사람도 없습니다.
자만과 교만은 눈치채기 어려우면서도
가장 알아차리기 쉬운
내면에 있는 부정성들 중 하나입니다.

자만과 교만은
내면에 있는 두려움이라는 에너지가
외부로 드러나는 많은 부정성들 중 하나입니다.
나에게는 만족을 주고
타인에게 많은 불편을 주기 때문에
눈치채고 알아차리기가 어렵습니다.

지식이 많은 사람들일수록
경험이 풍부하다고 생각하는 사람일수록
우물 안에서 우물을 넓혀보려고
애쓰는 사람이 많습니다.
자신이 무언가를 많이 안다고 생각하는 분들일수록
자만과 교만은 강해질 수밖에 없습니다.

타인에 대한 배려가 부족할수록
자연과의 교감이 부족한 사람일수록
늘 자신이 우월하다고 생각하고
남보다 특별하다고 생각하는 사람일수록
전체의식보다는 분리의식이 강한 사람일수록
자만과 교만은 강하게 작용합니다.

자만과 교만은 인간의 본성입니다.
자만과 교만은
내가 나를 나로서 인식하는 과정에서 발생하는
인지 오류입니다.
자만과 교만은 자신감에서 발생합니다.
하룻강아지가 범 무서운 줄 모르는 것과 같이
상황에 대한 정확한 인지가 되지 못해서 발생합니다.

사람들은
자신이 처한 상황이 가장 힘들고
내가 경험한 상황이 제일 힘들었다고
자신의 마음을 위로하고
자신의 감정을 과장하고 포장하면서
자신을 위로받고 싶어합니다.
자신이 남보다 특별하다는 생각으로
자신을 위로하는 경향이 있는데
이것이 자만과 교만이 갖는 에고의 한 측면이며
자만과 교만이 갖는 자기 모순입니다.

두려움에서 나오는 모든 부정성들은

자신을 향하거나

타인을 향해 나올 수밖에 없습니다.

남을 속이기 위해서는

나를 먼저 속여야 합니다.

자만과 교만이라는 부정성들은

자신을 속이는 경향이 강하기 때문에

자만과 교만이 강한 사람들일수록

내면의 황폐화가 심각할 수밖에 없습니다.

자만과 교만의 증상이 심해질수록

과대망상으로 이어지게 됩니다.

과대망상에 무지까지 가세하게 되면

자만과 교만은

착각속에 착각을 창조합니다.

부정성들은 두려움에서 시작하고

두려움의 에너지를 흡수하면서 성장합니다.

처음에는 자신을 괴롭히고

나중에는 타인을 힘들게 하는 것입니다.

자만과 교만이라는

부정적인 에너지를 극복하려면

부정성의 밑바탕에 있는 두려움과 공포의 에너지를

마주할 수 있는 용기가 필요합니다.

자신의 두려움과 마주할 수 있는 용기가 없다면

자만과 교만은 사라지지 않습니다.

자만과 교만은
상처입은 내 마음이 왜곡된 결과입니다.
자만과 교만은
나를 타인으로부터 방어하고 나를 타인에게 포장하고
타인으로부터 인정받고 싶어하는 마음에서 시작됩니다.
소외되고 방치된 나의 에고와
사랑받고 싶은 나의 에고에 의해
자만과 교만이 강화됩니다.

자만과 교만이 가득한 사람들은
자기 자신을 인정하지 못해서
자기 스스로 만족하지 못해서
자기 합리화를 위한 방어기제를 통해서
욕심과 욕망으로 나타납니다.

자만과 교만은
사회적 가면을 쓰고 살아야 하고
사회적 가면을 쓰고 살 수밖에 없는 인간에게
양날의 칼일 수밖에 없습니다.
자만과 교만의 부정적인 에너지는
사랑의 에너지가 나와야 할 때
사랑의 에너지가 나오지 못하면 나타납니다.
자만과 교만의 에너지는
타인에 대한 배려의 에너지가 나와야 할 때
타인에 대한 배려의 에너지가 나오지 못하면 나타납니다.

자만과 교만의 에너지는
순수한 마음의 회복없이
타인에 대한 배려와 존중없이
타인에 대한 사랑없이는
치유가 어려운 인간의 중병 중의 하나입니다.

내가 나를 믿고
내가 나를 사랑하고
내가 나를 의지할 때
지독한 자만과 교만의 에너지는
현상을 뒤집어 볼 수 있는 힘(에너지)으로 작용하여
타인의 자유의지를 침범하지 않고
타인의 자유의지를 배려하고자 하는 마음 한 자락이
당신을 이롭게 할 것입니다.

사오정들의 방문

하늘의 일을 하겠다는 분들 중에는
자신이 듣고 싶은 말만 듣고
자신이 하고 싶은 말만 하고자 하시는 분들이
너무나 많습니다.
서로가 서로에게 말이 통하지 않는 사람들을
사오정이라고 합니다.

보이지 않는 세계를 믿는 사람들 중에는
어린 아이처럼 쉽게 삐치고
어린 아이처럼 쉽게 마음을 다치고
너무 쉽게 감동하고
너무 쉽게 실망하는 사람들이 많습니다.
자신을 드러내기 위해 늘 애쓰고 있으며
인정받지 못해 안절부절하고 있습니다.
함부로 정의의 칼을 휘두르며
말이 통하지 않는 고집불통이 되어
빛의 생명나무를 방문하는 영성인들이 참 많습니다.

빛의 생명나무를 방문하는 사람들 중에는
공부를 하겠다고
진리를 찾겠다고

차크라를 열어 보겠다고
의통을 이루어 보겠다고
빛의 일꾼을 하겠다고
많은 분들이 오고 있습니다.

한결같이
하나같이
자신의 생각을 비우고 와야
채워서 갈 수 있는 것이 세상의 이치일진데
자기가 하고 싶은 말을 하기 위해 오고 있으며
자기가 듣고 싶은 말만을 듣기 위해 오고 있습니다.

자신의 말을 잘 들어주지 않는다고
자신을 알아주지 않는다고
자신이 듣고 싶은 말을 해주지 않는다고
보따리를 풀고
보따리를 싸는 사람들이 많습니다.
준비가 되지 않은 마음 상태로
떨리는 가슴만으로 많은 분들이
빛의 생명나무를 방문하고 있습니다.
자신이 하고 싶은 말만 해야 직성이 풀리고
듣고 싶은 말을 들을 때까지
투정부리고 화내고 골부리고 어리광 부리는 분들이
정의의 칼날을 휘두르며
이단을 심판하기 위해

사이비를 응징하기 위해
빛의 생명나무를 방문하고 있는
사오정들이 있습니다.

우데카 팀장에게
도인의 모습을 기대하시는 분들이 있습니다.
수염을 기르지 않았다고 실망을 하다가
깊은 한숨을 몰아쉬고 있으며
나이가 너무 젊다고 혼잣말을 하는
사오정들이 있습니다.
빛의 생명나무에서
무슨 수행을 하는지 묻는 분들이 있으며
수행의 방법을 묻는 분들도 있으며
우데카 팀장의 눈이 파란눈이 아니라고
수련을 하나도 하지 않는 사람에게
배울 것이 없다고 투덜거리다
보따리를 싸서 가시는 사오정 또한 있습니다.

자신의 말만 하고
들을 의지가 없으며
자신이 듣고 싶은 말만 듣고자 하며
자신이 하고 싶은 말만을 쉬지 않고
잠도 자지 않으며
자신의 무용담을 이야기하다
쫓겨나는 사오정도 있습니다.

두려움이 많을수록

사랑이 부재할수록

감추는게 많을수록

피해의식이 많은 사람일수록

지독한 사오정이 되어 빛의 생명나무를 방문하고 있습니다.

예의와 형식을 강조하는 사람일수록

걱정과 근심이 많을수록

자기 문제가 해결되지 않은 사람일수록

자기 과시욕이 많은 사람일수록

자기 모순이 많은 사람일수록

참 답답한 사오정이 되어 있습니다.

내면이 텅 비어

풀 한포기 살고 있지 않으며

꽃 한송이 피울 수 없는 사람이 되어

자신이 사오정인지도 모르는 채

자신의 문제를 들어달라고

자신의 문제를 해결하기 위해

나는 이런 사람이라고 자랑하기 위해

빛의 생명나무에 너무나 많은 사오정들이 오고 있습니다.

부정적인 에너지 중에

자신이 듣고 싶은 것만 듣고

자신이 보고 싶은 것만 보려는 경향을 가진

사오정 에너지가 있습니다.

사오정 에너지는
서로에게 말이 통하지 않는 사람이 되어
자신이 사오정인 줄도 모르고
타인에게 사오정이라고 비난하며
소통의 부재를 낳고 있습니다.

사오정끼리는
이해가 잘못되어 생기는
오해가 생겨나게 됩니다.
나는 어떤 사오정의 모습으로
당신은 어떤 사오정의 모습으로
서로를 향해 불편해하고 있는지 생각해 보십시오.

당신은
지금 누군가의 말을 끝까지 듣고 있습니까?
당신은
지금 당신이 하고 싶은 말만을 하고 있지는 않습니까?

당신은
지금 어떤 사오정의 모습으로
하늘의 일을 하고자 하십니까?
당신은
지금 어떤 사오정의 모습으로
빛의 일꾼이 되겠다고
빛의 생명나무를 방문하려고 하십니까?

당신은
지금 어떤 사오정의 모습으로
우데카 팀장의 글을 보고 있습니까?

생각을 잠시 멈추고
당신에게 물어 보십시오.
당신은
어떤 사오정의 모습을 하고 있습니까?

서로의 마음을 얻기 위해

세상은
듣고 싶은 말만 들으려고 하고
하고 싶은 말만 하고자 하는
사오정들의 세상입니다.
하늘이 설치한 천라지망(天羅地網)은
사오정들을 위해 설치된 연극무대입니다.
분야가 다르고
전공이 다르고
성별이 다르고
영혼의 나이가 다른 사오정들끼리 모여
서로가 사오정인 줄 모른 채
서로를 향해 사오정들끼리 대화를 통해
설득하려고 애를 쓰고 있는 형국입니다.

나는 나 자신과 불통인 사오정입니다.
나의 상위자아가 있는 줄도 모르고
끊임없이 들려주는 말을 듣지도 못하고
하고 싶은 말만을 하고 있는 사오정입니다.
하늘을 향해 기도를 통해
하고 싶은 말만을 하고 있는 당신은
하늘과의 불통속에 있는 사오정입니다.

하늘의 소리를 듣지 못하고
자신의 기도를 하기 위해
기도발이 좋은 기도터만 찾아다니는
더 용한 곳만 찾아다니는
사오정 중에 사오정입니다.

내 가족들 사이에서도
서로가 서로에게 사오정이 된지 오래이고
사랑하는 사람들 사이 역시
서로가 서로에게 사오정이 되는 건 시간문제입니다.
무더기로 피어있는 꽃들을 보고 또 보고도
새들이 그렇게 노랫소리를 들려주고 또 들려줘도
서로가 서로에게 말이 통하지 않는
사오정이 되어 있습니다.

매일 나의 손발이 되어주는 자동차에게도
매일 나의 정보원이 되어주는 핸드폰에게도
고맙다는 인사 한 번 하기 어려운 당신은
이 우주에서 사오정이 된지 오래되었습니다.
우주에 존재하는 만물들과
한순간도 소통할 수 없는 나와 당신은
우주의 고아인 동시에 사오정들입니다.

전체의식 속에서 분리된 채
내 마음이 내 마음인 줄만 알고 살고 있으며

내 생각이 내 마음으로 이루어진 것이라 믿으며
내 의식이 내 생각으로 이루어진 것이라 믿고
살아가고 있습니다.

남들같이 살면 잘 사는 줄 알고
남들보다 뒤처지지 않기 위해
남들보다 앞서가기 위해
행복의 기준이 언제부터인가
남처럼 남만큼만이 되어 버린지 오래입니다.

그렇게 남을 의식하면서도
우리는 서로가 서로에게
말문이 막히고
기가 막히고
관심과 배려가 막힌
사오정들이 되어
서로가 서로의 마음을 얻기 위해 애쓰고 있습니다.

서로가 서로에게 사오정이 되어
아무것도 모르는 채
지구라는 행성에서
서로의 마음을 얻기 위해 애쓰고 있습니다.

영혼의 물질 체험을 위해 준비된 지구 행성은
사오정들을 위해 특별히 준비된 행성입니다.

사오정들의 전시장이자
사오정들의 잔치판이자
사오정들의 전쟁터입니다.
누가 더 똑똑한 사오정인가를 다투는 시험장인 동시에
사오정들의 다양한 인성들을 전시한 박람회장입니다.

지구라는 행성은
서로가 서로에게 사오정 놀이를 통해
성장하고 공부하는 학교입니다.
사오정들끼리 한곳에 모아놓고
서로의 마음을 얻기 위해
서로의 마음을 열기 위해 애쓰는 곳입니다.

내가 사오정임을 알고
당신이 사오정임을 알고
우리 모두가 사오정임을 알아차릴 때
비교하는 마음들이 사라질 것이고
내가 못났다는 열등감들이 사라질 것이고
내가 누구보다 우월하다는 것에서 오는
자만과 교만의 모습 또한 사라질 것입니다.

사오정들의 건승을 빕니다.

전체의식과 자유의지

우리의 영혼은
창조주의 의식에서 출발하였습니다.
우리의 영혼은
창조근원의 의식속에서 늘 하나로 있다가
3차원 물질세계를 체험하고자
지구라는 학교에 잠시 공부하러 온 학생의 신분입니다.
나의 본영과 상위자아는 대우주의 전체의식 속에서
한번도 분리가 되어본 적이 없습니다.

지구라는 행성에서
인간을 제외한 모든 식물과 모든 동물들은
네트워크로 연결되어 있으며
우주의 정보들을 서로 공유하고 있습니다.
오직 인간만이
대우주의 전체의식에서 단절되어 있습니다.
오직 인류만이
전체의식 속에서 분리된 채 아무것도 모르는 채
서로가 서로에게
하고 싶은 말만 하고
듣고 싶은 말만 듣는
사오정이 되어 살고 있는 것입니다.

전체의식에서 분리되는 순간
인간의 내면에는 두려움이 생겨났습니다.
남의 살을 먹기 시작하면서
육식을 시작하면서
송과선은 점차 닫히기 시작하였습니다.
느낌이나 초감각 초능력 등은
점차 사라지게 되었습니다.
서로에게 있는 신성(神性)을 그대로 느끼던 인류가
서로에게 있는 신성과 사랑을 느끼지 못하면서
서로에게 두려움과 공포를 느끼기 시작하였습니다.

전체의식에서 분리되는 순간부터
인류는 하늘과의 소통이 끊어졌으며
영성을 잃어버리고 물질화되었습니다.
전체의식에서 분리되는 순간
한번도 경험하지 못한 두려움과 공포가 밀려왔으며
온갖 부정성들이 생겨나기 시작했습니다.

서로가 서로에게 두려움을 느끼고
서로가 서로에게 분리의식을 경험하게 되면서
상처를 주고 받게 되었습니다.
서로를 연결해주던 신성의 고리가 끊어지면서
외로움과 고독을 느끼게 되고
불편함과 피해의식이 생겨나게 되었으며
우월감과 경쟁의식이 생겨나게 되었습니다.

인류가 극적인 영혼의 물질 체험을 위해
전체의식에서 분리되면서
두려움이 확산되면서
대화가 단절되면서
서로가 서로에게 사오정이 되어 갔습니다.
한쪽에서는 서로에게 불신의 벽들을 쌓으면서
한쪽에서는 외롭다고 힘들다고
사랑하고 싶다고
사랑받고 싶다고
도와달라고 소리만 지를 뿐입니다.
타인의 비명이나 고통을 들으려 하지 않은 채
내 고통이 더 크다고
내 아픔이 더 크다고
자신이 하고 싶은 말만 할 뿐
타인의 말을 들으려고 하지 않는
사오정들이 가득한 세상이 되어 있습니다.

남의 말을 듣고 싶지 않고
자기 말만 하고 싶은 인류의 의식으로는
전체의식으로의 복귀는 쉽지 않을 것입니다.
인간이 인간에게 느끼는 두려움과 불편한 에너지와
인간으로부터 나오는 부정성들의 원천을 없애는
근본적인 해법은
우리가 전체의식으로 복귀하는 것임을
의식하고 자각하는 것입니다.

생각 멈추기의 근본은
모든 부정성의 원인이
나와 인류가 우주의 전체의식으로부터 분리되어 있음을
깨닫는 것에 있습니다.
전체의식에서 분리된 인류들에게는
자유의지가 주어져 있습니다.
자유의지의 남용으로 인해
자유의지를 제대로 사용하지 못해
인류는 서로가 서로에게 사오정이 되었습니다.
타인의 자유의지를 존중하지 않고
타인의 자유의지를 배려하지 않고
타인의 자유의지를 인정하지 않고
인류는 전체의식을 형성하지 못할 것입니다.
우리 모두가 서로 연결되어 있으며
우리 모두는 서로 소통이 되어야 하며
우리 모두는 서로 존중되어야 합니다.

길가에 무더기로 피어 있는 꽃들에게
말을 걸어 보세요.
식물에게
나무에게
돌멩이 하나 하나에도
생명이 있고
의식이 있고
마음이 있는 존재라는 것을 인정해 주십시오.

자동차에게도 말을 걸고
고맙다고 감사하다고 말해 보세요.
꽃에게도 나무에게도
귀엽다고 예쁘다고 말을 걸어 보세요.

부정성들이 올라올 때
아주 힘든 방법이지만
주변에 있는 것들에게 먼저 말을 걸어 보세요.
우리 모두는
하나의 의식으로 연결되어 있습니다.
우리 모두는
창조주의 의식 안에서
우주의 질서 속에서
하나의 의식으로 연결되어 있습니다.
외로워서 몸살이 나 있는 인간 사오정들에게
두려움 속에서 고슴도치처럼 움츠려 있는
인간 사오정들에게
먼저 말을 걸어 보세요.

부정적인 생각은 이렇게 멈추는 것이고
긍정적인 생각은 이렇게 확장하는 것입니다.

소외되고 방치된 나

산다는 것이 그리 만만하지 않다는 것을
느끼게 하는 것들 중에
수시로 올라오는 부정적인 생각과 감정들이 있습니다.
마치 빈틈을 노리고 덤비는 노련한 맹수들처럼
나의 의식이 성장을 멈추고 힘들어 할 때마다
내가 나를 잠시 잃어버리고 있는 빈틈을 골라
'내가 최고야'라는
자만과 교만의 마음이 일어날 때마다
슬며시 고개를 내밀고 올라오는
많은 부정성들이 있습니다.

내가 살아오면서
내가 낳기만 하고 돌보지 못하고
소외되고 방치된 에고들이
부정성의 에너지로 나타나게 됩니다.
내가 살아오면서
상처받고 치유되지 못한 에고들이
젖달라고 보채는 아이처럼
관심을 가져달라고
사랑을 해달라고
치유해달라고 떼를 쓰고 있습니다.

내가 살아오면서
나로부터 위로받지 못하고
나로부터 용서받지 못해
삐뚤어지고 삐딱해진 에고들이
결정적인 순간에
나의 발목을 잡을 때가 많습니다.

한순간 한순간 올라오는 부정적인 에너지는
나를 태우고도 남습니다.
한순간 한순간 올라오는 부정적인 에너지는
나를 태우고
타인을 태우고도 남을 만큼
태산만큼 큰 높이의 쓰나미로 몰려오고 있음을
순간 순간 눈치채 보십시오.
부정성이란 이렇게 무서운 것입니다.

부정성이란 치유되지 못하고
나로부터 소외되고 방치된 나의 생각이며
나의 의식이며 나의 마음입니다.
부정성이란 사랑받지 못하고
나로부터 소외되고 방치된 나의 신념이며
나의 믿음이며 나의 소망입니다.
부정적인 에너지는
내 마음이 그곳에 힘을 실어줄 때만
강해진다는 것을 기억해 주시기 바랍니다.

부정적인 에너지는
내 안에 소외되고 방치된
에고의 찌꺼기들에 의해 활성화됩니다.
부정적인 에너지는
내 안에 소화되지 못하고
내면화되지 못하고 남아있는 아픔입니다.

평소에는 좋은 사람이고 좋은 이웃이며
좋은 남편 좋은 아내로 살다가도
한순간 올라오는 부정성에 휩쓸리고 나면
바늘 하나 꽂을 틈도 없이
마음은 콘크리트처럼 굳어버리고
가슴은 싸늘하게 식어버리게 됩니다.
부정적인 에너지에 노출된 사람에게
마음의 문을 닫아건 사람에게
진실과 진리를 이야기해 본들 무슨 소용이 있겠습니까?

내가 나를 설득하지 못하는데
누구를 설득할 것이며
내가 나의 말을 듣지 못하는데
누가 누구의 말을 들을 것이며
내가 나를 이해하지 못하는데
누가 나를 이해할 것이며
내가 나를 용서하지 못하는데
누가 나를 감히 용서한단 말인가?

내가 나를 사랑하지 못하는데
누가 나를 사랑할 수 있겠는가?

부정성들의 바탕에는
상처입고 아파하고 있는
나의 에고가 자리잡고 있습니다.
부정성들의 바탕에는
나로부터 이해받지 못하고
소외되고 방치된 나의 에고가 자리잡고 있습니다.
부정성들의 바탕에는
어린아이와 같은 여리고 여린 내 마음이 있으며
치유되기를 바라고 용서받기를 바라고
사랑받기를 원하는 인간의 마음이 있습니다.

부정성은
내가 살면서 나에게 입힌 상처와도 같습니다.
부정성은
더 많이 갖지 못해 불안해하는
욕심과 욕망에서 시작됩니다.
부정성은
내가 살면서 안되는 줄 알면서도
고집을 부려서 실패한 무너진 자존심입니다.
부정성은
깨어나지 못한 내 의식이
나에게 보내는 구조 신호입니다.

부정적인 생각이 올라올 때마다
부정적인 생각임을 먼저 인지하고
부정적인 생각을 멈추어야 합니다.
생각 멈추기가 되면
부정적인 에너지가
말이나 행동으로 발현되는 것을 막아줍니다.

무너진 자존심과
무너진 자신감과
어리광 부리고 싶어하는 마음과
인정받고 싶어하고
관심받고 싶어하고
사랑받고 싶어하고
치유받고 싶어하는 마음들은
부정성들의 또 다른 의미입니다.

이런 마음들과 생각들이 올라올 때마다
내가 나를 먼저 이해하고
내가 나를 먼저 인정하고
내가 나에게 먼저 관심을 갖고
내가 나를 치유하고
사랑하는 마음을 밖에서 찾지 말고
소외되고 방치된 내면의 나에게
조용히 말을 걸어 보십시오.

자신에게 마음이 향하기 시작할 때
의식은 깨어날 수 있으며
내가 나에게 말을 걸어주기 시작할 때부터
부정적인 생각 멈추기는
자연스럽게 시작되는 것입니다.
나와의 대화를 통하여
나와의 소통을 통하여
내 안의 큰 나를 만나고 나면
당신의 의식은 깨어나게 될 것입니다.

당신의 의식이 깨어나면 깨어날수록
당신의 부정성들은 점차로 줄어들 것입니다.
당신이 당신에게 말을 걸고 친절하게 할수록
당신은 불안과 불만이 줄어들 것입니다.
당신이 내면과의 소통이 원활하게 될수록
당신의 의식은 깨어나게 될 것이며
당신의 의식이 깨어나면 깨어날수록
부정성들은 극복될 수 있는 것입니다.

사랑받고 싶은 나

인간의 가장 깊은 욕망의 밑바탕에 있는 것은
사랑하는 사람과 함께 있고 싶어하는
마음이 아닐까 합니다.
그토록 함께하고 싶어하는 사람과
사랑하는 사람과 함께하지 못할 때
우리는 깊은 좌절과 슬픔을 느끼는 것이
어쩌면 당연한 것입니다.

인간의 마음 중에 가장 변하기 쉬운 것이
그이와 그녀의 마음이라는 걸
이미 배우기도 전에
우리는 이별을 하고
또 다른 그이를 찾고
또 다른 그녀를 찾는
사랑의 미로속에서
사랑의 모순속에서
사랑을 찾는 사람들로 가득 차 있습니다.

사랑받고 싶어하고
사랑하고 싶어하는 마음은
참 좋은 당신과 만나려는 인간의 본성입니다.

사랑은 스스로를 확장하려는 속성을 가지고 있습니다.
사랑하고 싶고
사랑받고 싶은 마음은
참 좋은 당신을 만나기 위해 시작되는
우주의 신성한 의식입니다.

참 좋은 당신과 살고 있으면서도
참 좋은 당신을 위해 살고 있으면서도
우리 마음의 한구석에는
참 좋은 당신을 향해
어린아이와 같이 어리광 부리고
외롭다고 힘들어 하고
아픈 곳에 호~ 해달라고 떼쓰고 골부리는
미성숙한 에고가 자리잡고 있습니다.
자신도 모르는 사이에 버려지고 구겨지고
상처입은 채로 방치된 에고의 사생아들이
마음 그늘진 곳에서 자라고 있습니다.

참 좋은 사람과 함께 있으면서도
더 많은 사랑을 받기를 원합니다.
참 좋은 사람과 함께 있으면서도
나를 더 많이 사랑해 줄 사람을 찾아갑니다.
참 좋은 사람과 함께 있으면서도
늘 사랑에 목말라 있으며
끊임없이 더 많은 사랑을 받기를 원합니다.

부정성들의 근원은

사랑의 부재(不在)입니다.

사랑의 부재란

사랑이 있어야 하는 곳에

사랑이 없기 때문에 오는 현상입니다.

사랑을 내부에서가 아닌

수많은 계산서들이 오고간 뒤에야

그녀와 그이가 가진 물질에서 사랑을 찾습니다.

사랑의 부재속에서

서로가 서로에게 너무 많은 기대감속에

참 좋은 당신을 향한

당신의 사랑은 커져만 갑니다.

꽃과 같이 아름다운 여인일지라도

잘생기고 멋진 훈남일지라도

자기 인생의 프로그램을 살아가야 합니다.

사람은 누구나 자신의 삶의 무게를 가지고 태어납니다.

꽃과 같이 아름다운 여인도

잘생기고 멋진 훈남도

자기 삶의 무게도 감당하기 어려워

나보다 더 많이 힘들어하고 있으며

나보다 더 많이 외로워하고 있으며

나보다 더 많은 상처가 있다는 것을

발견하고 이해하는데

그리 오랜 시간이 걸리지 않을 것입니다.

사랑받고 싶다는 마음이 과장되어
자신의 울타리 안에
타인의 사랑을 가두기 시작하면
잠시도 쉬지 않고 너울대는 파도처럼
마음의 번뇌가 일어나게 되는 것입니다.
사랑하고 싶은 마음이 과장되어
자신의 울타리 안에
타인의 사랑을 가두기 시작하면
잠시도 쉬지 않고 너울대는 파도처럼
마음의 번뇌와 고독감과 허무함 등의
부정적인 에너지들이 올라오기 시작합니다.

행복한 사람들을 보면
행복한 에너지를 받아 행복해져야 함에도 불구하고
사랑하고 싶은 마음과
사랑받고 싶은 마음이
삐딱한 사람이 삐딱하게 길을 가듯
시기와 질투의 에너지로 나타나는 것입니다.

마음은 파도와 같아
잠시라도 쉬는 법이 없습니다.
파도가 치는 마음을 그대로 관찰하고
그대로 바라보고 판단하지 않고
힘을 실어주지 않으면서
내 마음이 반응하지 않으면 되는 것입니다.

이렇게 마음의 번뇌와 망상이 멈춰지고
그대로 있는 자리에
그대로 있을 때를 해인(海印)이라 합니다.

해인은
생각 멈추기를 통해서 이룰 수 있습니다.
생각 멈추기는
내가 나를 관찰하는 의식으로부터
내가 나와 타인과 만물들을
내 기준으로 판단하지 않는 것에서부터 시작합니다.
내가 나와 대화하는 것에서 이루어집니다.
나와의 대화가 열린 사람은
주변의 사물과도 대화가 가능하며
자신의 상위자아와도 대화가 가능하게 됩니다.

이렇게 될 때만이
내가 나를 셀프티칭 할 수 있으며
생각 멈추기를 통해
해인에 이르게 되는 것입니다.

♪ 이리저리 둘러봐도
    제일 좋은 건
    그대와 함께 있는 것
                    - 행복을 주는 사람(해바라기)

서로가 서로에게
그대가 되어 주는 것이며
그대와 함께하는 것이며
서로가 서로에게
참 좋은 사람이 되어 주는 것입니다.

이리저리 둘러봐도
제일 좋은 건
그대와 함께하는 것입니다.

상위자아와의 만남

모든 길은 서울로 통하듯이
내면과의 대화나
기도와 수행의 최종 목적지는 깨달음입니다.
깨달음을 얻기 위해서는
깨달음을 이루기 위해서는
여시아문을 통한 깨달음의 최종 목적지는
자신의 상위자아와의 만남입니다.

자신의 상위자아를 통하지 않고서는
어떠한 초월적인 세계에 입문하거나
보이지 않는 세계에 들어갈 수 없습니다.
상위자아와의 소통과 만남은
내가 나의 본성과 합일됨을 의미합니다.
자신의 상위자아의 동의나 도움없이
이 우주에서 어떠한 차원의 문을 열 수 없으며
어떠한 깨달음도 얻을 수 없습니다.

본영의 분화에 의해 상위자아가 탄생합니다.
물질 체험을 하는 아바타를 위해
길을 잃지 말라고
본영에 의해 특별히 설계된 존재가 상위자아입니다.

나의 본영과 상위자아는
나를 여기에 있게 한 원인자입니다.
우주에서 아바타를 위한 안내자와
부모의 역할을 하고 있습니다.
나의 본영과 상위자아는
나의 생사여탈을 결정하는 주체이자
내 인생의 모든 프로그램들을 계획하고
집행하는 역할을 맡고 있습니다.

부정적인 에너지의 기원은
감정선과 의식선에서 나오는 에너지입니다.
부정적인 에너지들 중 일부는
내면에 존재하는 에너지체들의
특수한 역할을 통해서도 나타나기도 합니다.
부정적인 에너지가 내면에서 흘러나올 때
눈에는 보이지는 않지만
많은 에너지체들의 작용에 의해 일어납니다.

부정적인 에너지를 정화시키는 존재들에는
요정분들과 가이드 천사들이 있습니다.
부정적인 에너지를 정화하고
생각 멈추기를 통해
고요한 내면으로 안내하는 역할을 하는 에너지체는
용분들이 그 역할을 맡고 있습니다.

부정적인 에너지를 감소시키고
생각 멈추기를 통해
분노와 폭력성으로부터 보호하면서
나의 의식을 깨워주는 존재는 상위자아입니다.
생각 멈추기의 목표는
부정적인 에너지의 발현을 막는 것이며
셀프티칭의 최종 목표는
자신의 상위자아와 만나는 것입니다.

상위자아는
처음부터 나와 함께하였으며
단 한번도 나와 분리된 적은 없으며
단 한순간도 나를 잊은 적이 없습니다.
길은 처음부터 거기에 있었고
길은 처음부터 열려 있었으며
길은 한번도 닫힌 적이 없습니다.
내면으로 통하는 모든 길과
깨달음으로 향하는 모든 길은
상위자아와 연결되어 있습니다.
나의 기도 역시 상위자아를 통해
대우주의 정보 네트워크에 연결이 됩니다.
상위자아를 통하지 않고는
어느 곳도 어느 차원도 갈 수가 없으며
그 어떤 일도 나에게 일어날 수 없습니다.

하늘이 있기에
땅에서 인간의 삶이 있습니다.
나의 상위자아가 있기에
내가 존재하고 있는 것입니다.
내가 존재하고 있기에
부정적인 에너지가 발현되는 것입니다.
나에게 부정적인 에너지가 있기에
생각 멈추기가 필요한 것입니다.

생각 멈추기의 목표는
부정적인 생각들을 멈추는데 있습니다.
셀프티칭의 최종 목표는
길 위의 길이며
상위자아와 합일되는 것입니다.

지상 최고의 깨달음은

깨닫고자 하는 생각을 버리는 것이며

인간이 깨달음을 얻기 위해

아무것도 필요하지 않다는 것을

알아채고 눈치채는 것입니다.

우리 모두가 하나의 의식속에 있다는 것을

알아채고 눈치채는 것입니다.

2부

알아챔과 눈치챔으로 가는 길

내가 살아 보니까

내가 숨을 쉬고 살아 있는 한
내면에서 끊임없이 올라오는
부정적인 에너지와 마주해야 합니다.
내가 살아 있는 한
내면에서 끊임없이 떠오르는 생각들과 마주해야 합니다.
내가 살아 있는 한
내면에서 끊임없이 올라오는 욕심과 마주해야 합니다.

논리적인 생각을 하고
이성적인 판단을 하고
합리적인 생각으로 살고 싶었습니다.
내가 살아 보니까
감성적으로 생각을 하고
충동적으로 일처리를 하고
감정적으로 판단하며 살고 있는 나를 봅니다.

한 순간의 화를 참지 못해서
사람을 잃기도 하였습니다.
한 순간의 분노를 참지 못해서
상처를 주고
아픔을 주기도 하였습니다.

내가 살아 보니까
산다는 것이
상처를 주기도 하고
상처를 받기도 하면서
철이 들어가는 과정이라는 것을 알게 되었습니다.

한 순간의 옳고 그름의 틀에 갇혀
한때는 정의의 이름으로 정의를 명분으로 살았습니다.
'나의 정의의 칼을 받아라'
나의 정의의 칼에 참 많은 동료들이 상처입고 쓰러져 갔습니다.
내가 살아 보니까
나이가 들면서 정의의 칼날이
무디어져 감을 봅니다.
무뎌진 칼로
타인을 향하던 정의의 칼을
나를 향해 찔러보지만
예전같이 잘 들지 않는다는 것을 지켜보며
지금은 철이 들어가고 있는 나를 봅니다.

내가 나를 제일 잘 안다고 생각하며 살았는데
세상 무서운 줄 모르고 살았는데
내가 살아 보니까
나를 잃어버리고
오늘 같은 내일을
내일 같은 오늘을 살아가고 있는 나를 봅니다.

내 마음대로 하면서 살겠다고
나는 자유인이라고 생각하고 살아왔지만
내가 살아 보니까
내 마음대로 산다는 것이 얼마나 어려운 것인지
내 마음을 나도 모르면서 살고 있는 나를 봅니다.

내면에서 끊임없이 올라오는 부정적인 생각과
내면에서 끊임없이 올라오는
에고의 부정적인 에너지들을 지켜봅니다.
내가 살아 보니까
나의 의식으로 부정적인 생각을 멈추고
감정들을 완전하게 통제하는 것이
쉽지 않음을 인정합니다.

내가 살아 보니까
내가 내 감정의 주권자가 되고
내면의 부정성들을 제거하고
내면의 부정성들을 통제하는
내 마음의 완전한 통치자가 된다는 것은
불가능하다는 것을
이제야 알 수 있었습니다.

나는 나의 감정을 완전하게 통제할 수 있다고 믿었습니다.
내 안에 있는 못된 생각들을
완전하게 통제할 수 있다고 믿고 살아 왔습니다.

내 안에 있는 부정적인 에너지들을
나의 이성으로 관리하고 통제하면서
남에게 피해를 주지 않고
잘 살 수 있다고
그렇게 믿었으며 그렇게 살았습니다.

내가 내 삶의 완전한 주권자이기에
내가 감정의 완전한 주권자가 되는 것은
너무나 당연한 것이었습니다.
내가 내 삶의 완전한 통치자이기에
내면으로 끊임없이 올라오는 에고의 부정성을
완전하게 제거할 수 있다고 믿었습니다.

내가 내 삶의 완전한 주권자이며 통치자이므로
내 마음 하나 내 마음대로 하는 것은
당연한 것이고 가능하다고
그렇게 믿고 그렇게 살았습니다.
내가 살아 보니까
산다는 것이 그리 만만치 않음을
산다는 것이 그리 호락호락하지 않음을
내가 내 삶의 완전한 주권자가
내가 내 삶의 완전한 통치자가 되는 것이
쉽지 않다는 것을 배우는데
그리 오랜 세월이 걸리지 않았습니다.

인간의 에고에서 나오는 부정성들을
생각 멈추기로 온전하게 해결할 수 있다고
그렇게 믿고 있습니까?
인간의 본성에서 나오는 부정성들을
생각 멈추기와 셀프티칭의 기술적인 방법으로
완전하게 정화하는 것이 가능하다고 믿으십니까?
인간의 혼의식에서 나오는 부정성들을
사랑으로 감싸고 이해한다고
완전하게 부정성들을 통제할 수 있으며
자신의 감정과 사고에 대해
완전한 주권자와
완전한 통치자가 될 수 있다고
아직도 생각하시는지요?

생각 멈추기를 비롯한
셀프티칭의 기술적인 방법을 통해
인간의 문제를 모두 해결할 수 없습니다.
생각 멈추기와 부정성 털어내기 등은
인간의 본성에서 나오는 부정성들을 해결하기 위한
하나의 방편일 뿐입니다.

부정적인 생각들을 멈추고
부정적인 생각들을 하나씩 내 몸에서 빼내는 방식으로
인간이 가진 부정성들이 해결되고
완전한 주권자가 되고

완전한 통치자가 된다는 이 생각이
얼마나 위험한 생각이고 모순인지 생각해 보십시오.
부정성들을 하나씩 하나씩 제거하는
마이너스 방식으로
인간의 부정성의 문제가 해결된다는 생각이
3차원적인 사고의 한계이자 모순인 것입니다.

마이너스 방식으로
인간의 나쁜 행동은 수정될 수 있지만
마이너스 방식은
태생적인 한계를 지닐 수밖에 없습니다.
곧바로 개인의 의지의 문제로 귀결되고 맙니다.
부정적인 생각을 멈추는 기술적인 방법은
분노나 화를 다스리는 방법으로는
유용한 수단으로 사용될 수는 있는 것이지만
이것의 잣대가 엄격하면 엄격할수록
또 하나의 완고한 감옥에 갇히게 되는 것입니다.

내가 살아 보니까
내면에 있는 부정성들을 모두 없애는 방법은
존재하지 않는다는 것입니다.
내가 살아 보니까
나의 생각과 나의 감정과 나의 의식을
내가 완전하게 통제할 수도 없으며
내가 완전한 통치자가 될 수 없다는 것입니다.

내가 살아 보니까
내면에서 끊임없이 올라오는 부정성들과
내면에서 올라오는 긍정적인 의식들은
기차의 철로처럼 마주보며
아름다운 간격을 유지하며
동행하고 있다는 것을 알았습니다.

내가 살아 보니까
영혼의 물질 체험을 통해
영혼은 진화합니다.
영혼의 진화를 위해
인간의 내면에 에고의 부정성과
인간의 내면에 혼의식의 부정성들은
하늘이 인간의 내면에 설치한
의도된 모순이라는 것을 알았습니다.

내가 살아 보니까
잘 달리는 자동차일수록
성능 좋은 브레이크가 반드시 있어야 한다는 것입니다.
브레이크가 마음에 안 드십니까?
그렇다면 속도를 줄이고
안전운행하시기 바랍니다.

마음 한 자락이 갖는 의미

우리 몸이 아픈 이유는
좋은 기운인 정기가 부족해서 아픈 경우와
나쁜 기운인 사기가 많아서 아픈 경우가 있습니다.
이것을 동양의학에서는
정기허 사기실(正氣虛 邪氣實)이라고 합니다.

몸이 아플 때 치유하는 방법으로는
몸에 좋은 기운을 넣어주어 치료하는 방법과
몸에서 나쁜 기운을 빼주는 방법이 있습니다.
마음 공부를 하는 방법으로는
자기 긍정의 에너지를 내면으로 향하게 하는
셀프티칭이 있습니다.
부정적인 생각을 멈추고
부정적인 생각을 빼내는 방법으로
생각 멈추기와 부정성 털어내기의 방법이 있습니다.

명상은
부정적인 에너지를 빼주는 역할과
긍정적인 에너지를 생성하는 역할이 있습니다.
기도와 수행을 통해서 부정적인 에너지를 정화하고
긍정적인 에너지를 받을 수 있습니다.

운동을 통해서도
사기를 몸 밖으로 내보내고
사기가 나간 자리에
정기의 순환이 이루어집니다.

에고의 확장에서 오는 부정적인 에너지들을
어떻게 억제하고
어떻게 정화하고
어떻게 해소할 것인가에 대한 고민을 해결하기 위한
노력들이 있어 왔습니다.
기도와 수행으로
명상과 상담의 방법으로 해결하려고 시도하였습니다.
셀프티칭은
우데카 팀장의 제안이며
우데카 팀장의 방법입니다.

몸이 아프다는 것은
의식의 흐름과도 많이 연관되어 있습니다.
마음이 불안하고 초조하면
의식의 흐름이 원활하지 않다는 것이며
부정적인 에너지가 내 몸에 영향을 주고 있다는 것입니다.

몸이 아플 때
사기를 빼내는 방법으로는
인간의 질병을 근본적으로 치료할 수 없습니다.

암과 같은 큰 병이나
병세가 깊고 위중한 병일수록
나쁜 기운을 빼내는 사법(瀉法)으로는
치료의 한계가 분명하다는 것은 상식입니다.
몸이 아플 때
마음을 편안하게 하여
의식의 흐름이 원활하게 되면
기혈의 순환이 좋아지면서
정기의 순환이 이루어지면서
몸이 아픈 증상이 좋아지게 됩니다.

몸에 병이 깊을수록
마음에 병이 깊을수록
좋은 기운과 좋은 약이 필요한 법입니다.
밝은 마음과 긍정의 마음없이
마음의 병을 치유할 수 없는 것입니다.
모든 것을 치유할 수 있으며
모든 것을 한번에 역전시킬 수 있으며
악화된 상황을 반전시킬 수 있는
만루홈런이 있는데
이것이 마음 한 자락이 갖는 의미입니다.

마음 한 자락의 의미를 아십니까?
여러분들의 상위자아분들과 대화를 하고
하늘의 천사님들과 소통을 하다보면

늘 한결같이 듣는 말이 있는데
모든 문제의 해결과 답은
마음 한 자락에 모든 것이 있다는 것입니다.
긍정적인 마음 한 자락에
삶과 죽음이 있으며
사랑과 이별도 있으며
천당과 지옥도 있으며
행복과 불행도 있으며
작은 나와 큰 나가 있습니다.

마음 한 자락은
의식을 전환할 수 있는 바탕 생각을 말합니다.
마음 한 자락은
상황을 반전시킬 수 있는
긍정적인 마음의 한 조각을 의미합니다.
마음 한 자락은
사고의 전환을 일으킬 수 있는
동기적 순수성을 가진 순수한 마음입니다.
마음 한 자락은
내 안의 신성한 의식에서 기원합니다.

마음 한 자락은
잘못되어 있는 것을 바로잡을 수 있는 용기입니다.
마음 한 자락은
폭주하는 에고를 멈출 수 있는 브레이크와 같습니다.

마음 한 자락은
이해의 공간을 창조하고
화해의 공간과 용서의 공간을 창조합니다.

마음 한 자락은
이해가 잘못돼서 생기는 오해를
바로잡을 수 있는 열쇠입니다.
마음 한 자락은
얼어붙은 마음을 열 수 있는 마스터키입니다.
마음 한 자락은
서로의 마음을 얻기 위해
당신 스스로 준비해야 하는 마음입니다.

마음 한 자락은
이해득실을 따지지 않으며
옳고 그름을 넘어서서
나를 위해
누군가를 위해
당신 스스로 준비해야 하는
절대 긍정의 순수한 에너지입니다.

지금 이 순간
당신의 마음 한 구석에 일어나고 있는
마음 한 자락은
어디에서 무엇을 하려 하십니까?

바탕 생각과 마음 한 자락

모든 생각이나 감정의 근원적인 동기에는
사랑과 두려움이라는 두 에너지가 있습니다.
인간의 행동이나 의식은
두려움과 사랑이라는 바탕 생각에서부터 기원합니다.
사랑이라는 에너지는
영에서 기원합니다.
영의식에서 사랑이라는 바탕 생각이 나오게 됩니다.
두려움이라는 에너지는
혼에서 기원합니다.
혼의식에서 두려움이라는 바탕 생각이 나옵니다.

인간의 내면에는
두려움에서 나오는 마음 한 자락인
부정성이 있습니다.
인간의 내면에는
사랑에서 발산되어 나오는 마음 한 자락인
순수성이 있습니다.

하늘이 사람을 살필 때에는
사랑과 두려움이라는 바탕 생각에서 나온
마음 한 자락을 봅니다.

두려움이라는 바탕 생각에서 나오는
부정성의 강도와
사랑이라는 바탕 생각에서 나오는
동기적 순수성이
어떠한 비중으로 발현되고 있는지를 살핍니다.

바탕 생각에서 나오는 에너지가
그 사람의 의식의 흐름을 결정합니다.
바탕 생각에서 나오는 에너지의 조화와 균형이
의식의 내용을 결정합니다.
두려움의 에너지가 많이 나올수록
몸이 무거우며 아프고
감정 상태가 불안하고
탁하고 어두운 에너지가 발산됩니다.
사랑이라는 에너지가 많이 나올수록
긍정적인 에너지가 흘러나오게 됩니다.

마음 한 자락에는
모든 부정성들과
모든 긍정적인 감정들이 포함되어 있습니다.
마음 한 자락에
부정성이 많이 포함된 에너지가 나올 때는
혼에 영향을 받는 상념체라는 부정적 에너지와
욕심과 욕망에 근거한 에고들이
우후죽순처럼 자라나게 됩니다.

내 안에 있는 작은 나가 드러납니다.
내 안에 있는 작은 나는
바늘 하나 꽂을 틈도 없는
옹색한 사람과 옹졸한 사람이 되게 합니다.

내 안에 있는 숭고한 사랑의 에너지는
내 안에 있는 큰 나를 꺼내서 쓸 때 확장됩니다.
내 안에 있는 큰 나는 영으로부터 발현됩니다.
내 안의 큰 나는 영의식의 발현이며
영의식의 발현은 순수함을 의미합니다.
사랑의 에너지가 발산이 될 때는
참 좋은 당신이 됩니다.

셀프티칭은
내 안에 있는 큰 나를 깨워서
내 안에 있는 큰 나를 꺼내서
내 안에 있는 작은 나를 정화하고
내 안에 있는 두려움과
내 안에 있는 부정성들을 치유하는데 있습니다.
셀프티칭은
내 안에 있는 큰 나를 깨워서
내가 나를 가르치고 코칭하는 것을 말합니다.
셀프티칭은
내 안에 있는 큰 나를 꺼내서
참 좋은 나를 나 스스로 만드는 기술을 말합니다.

셀프티칭은
내 안에 있는 큰 나의 의식을 깨워서
나라는 의식에서
우리라는 의식으로 전환하는 것을 말합니다.

나를 가르칠 수 있는 존재는
나밖에 없다는 것입니다.
나의 의식을 누군가가 깨워줄 것이라고
기대하지 마십시오.
내가 누군가를 의존하기 시작할 때
내가 누군가를 앞세워 내 문제를 덮으려 하거나
내가 누군가의 뒤에서 내 문제를 애써 외면한다면
내 안의 큰 나를 깨우지 못하게 될 것입니다.

나에게 가장 많은 영향을 미치는 존재는
아는 형님도 아니며 아는 언니도 아닙니다.
나에게 영향을 가장 많이 줄 수 있는 존재는
외부에 있는 누군가가 아닌
바로 나 자신입니다.

셀프티칭은
내가 나를 가르치고 코칭하는 것이며
내가 나를 돕는 것이며
참 좋은 나를 만드는데
내가 의지를 가지고 참여한다는 것을 말합니다.

당신이 준비된 빛의 일꾼이라면
당신의 가슴에 있는 작은 나를 이기고
큰 나를 꺼내서 쓰고 있는
의식이 깨어있는 사람일 것입니다.

당신이 빛의 일꾼이라면
당신의 가슴에 있는 작은 나를 이기고
큰 나를 꺼내서 쓰고 있는
참 좋은 당신이 되어 있을 것입니다.

깨달음에 대한 환상 내려놓기

인간이 가지고 있는 지독한 환상과 집착 중에
가장 고약한 것이 바로
깨달음에 대한 환상과 집착입니다.
깨달음을 얻고자
신을 만나기 위해
오체투지와 같이 자신의 신체를 학대하며 수행을 하기도 합니다.

기도와 수행을 통하여
신을 만나고
깨달음을 얻기 위한 인류의 노력은
상상을 초월할 정도로 피눈물나는 인고의 과정입니다.
하루 종일 가부좌를 틀고 앉아
기도와 수행을 하며 내면으로 들어가
명상을 통해 삼매에 드는 것을
가장 이상적인 수행이라 믿고 있으며
그렇게 수행하고 있는 분들이 많습니다.

10년을 기도와 수행을 해도
깨달은 사람을 찾아보기 어렵고
20년을 기도와 수행을 해도
신을 만나서 놀라운 신통력을 얻은 사람을 찾아보기 어렵습니다.

30년을 기도와 수행을 하고도
하늘의 마음을 얻어
인류를 이롭게 하겠다는 푸른 꿈은
40년을 지나 50년까지 이어지고 있습니다.

50년을 기도와 수행을 하고도
신을 만나
깨달음을 얻기 위한 인류의 노력은
결코 식지 않고 지속되고 있습니다.
내 정성이 부족해서
하늘이 내 기도를 들어주지 않은 것이라
그렇게 믿고 있습니다.
60년을 기도와 수행을 하고도
기도할 시간이 부족해서
깨달음을 얻지 못했다고 생각하고
졸리는 눈을 비벼가며
눈을 감고 삼매의 경지에 들기 위해
수행과 명상에 정진하는
수행자들과 종교인들이 참 많습니다.

하늘의 마음을 얻기 위해
깨달음을 얻기 위해
신의 마음을 얻기 위해
수행자들의 마음은 오늘도
끊임없이 올라오는 부정적인 에너지들을

물리치기 위해
뿌리뽑기 위해
기도와 수행을 향해 있습니다.

기도를 위해 눈을 감아본 적이 있을 것입니다.
수행을 위해 눈을 감아본 경험이 있을 것입니다.
명상을 위해 눈을 감아본 경험이 있을 것입니다.
눈을 감고 있다 보면
평소에는 떠오르지 않았던 온갖 잡념들이 떠올라
괴로워한 적이 한두 번은 있을 것입니다.

생각 멈추기는
부정적인 생각이나 온갖 잡념들이 가득한 생각을
메타(meta) 인지를 통해
스스로 컨트롤한다는 측면에서
명상과는 다른 방법입니다.
기도와 수행 역시
부정적인 생각이나 부정적인 에너지를
제거하고 없애는 것이 중요한 관건입니다.

생각 멈추기보다
기도와 수행보다도
부정적인 생각이나 부정적인 에너지를 없애는
가장 근본적인 방법은
깨닫고자 하는 생각을 버리는 것입니다.

깨닫고자 하는 욕망조차도 버리고
깨달음이 무엇인지도 모르고
깨달음에 대한 아무런 편견없이
깨달음에 대한
당신의 의식의 패러다임을 전환하는 것입니다.

신을 만나서
신통력을 얻는다는 마음조차 내려놓고
하늘의 마음을 얻어
인간을 이롭게 하겠다는 생각조차도 내려놓는 것입니다.
기도와 수행을 통해서
도통을 얻고자 하는 마음을 내려놓으십시오.
당신의 의식의 패러다임을 전환하십시오.
깨달음에 대한 환상은
종교나 명상을 통해 확대 재생산되었습니다.

동양에서는
불교와 도가(道家)적 가치를 믿는 수행자들 사이에서
깨달음에 대한 매트릭스는
전승되고 확대되어 왔습니다.
자칭 도사라고 하는 사람들이
제일 많은 곳도 우리나라이고
도라고 칭하는 공부를 하는 사람들의 숫자가
제일 많은 곳도 우리나라입니다.

깨달음을 추구하는 불교인들과

진리를 추구하는 도인들이

그렇게나 많이 있음에도 불구하고

진짜 도사라 할 만한 사람이 없습니다.

12 차크라가 열린 사람은

아무리 찾아보고

아무리 둘러보아도 없습니다.

깨닫고자 하는 생각을 멈추고

깨닫고자 하는 의식을 버리고

신에 대한 환상을 내려놓고

하늘이 일하는 방식을 제대로 알아야

의식의 트임이 준비되어 있는 것입니다.

깨닫기 위해선

무언가 버려야 한다는 생각을 버려야 합니다.

깨닫기 위해선

독특한 수행 방법이 필요하다고 생각하고 있습니다.

깨닫기 위해선

어떤 수행의 방법이 제일 좋은지

여전히 고민하고 있는 분들이 많습니다.

깨닫기 위해선

기운 좋은 장소를 찾아가야 한다고 생각하며

기가 좋은 곳을 찾아가서

그곳의 좋은 기를 받아야 한다는 생각들로

가득 차 있습니다.

깨달음은 깨닫고 싶다고 되는 것이 아님을
눈치채고 알아채는데
누구는 3일이면 충분한 사람이 있습니다.
깨달음은 원한다고 다 되는 것이 아님을 아는데
누구는 3년이면 족하고
누구는 10년이 넘게 걸리고
누구는 30년이 걸려도
눈치를 채지 못합니다.

지상 최고의 깨달음은
깨닫고자 하는 생각 자체를 멈추는 것입니다.
깨달음에 대한 인류의 갈망과 믿음은
하늘이 펼쳐놓은 종교 매트릭스일 뿐입니다.
기도와 수행을 통해
신을 만나고 깨달음을 얻겠다는 믿음 역시
하늘이 물질세계에 펼쳐놓은 그물인
천라지망에 불과합니다.

깨달음의 본질은
우주는 하나의 의식으로 되어 있으며
전체의식 속에 있다는 것입니다.
깨달음의 본질은
인간과 하늘은 본래 분리된 적이 없으며
인간과 하늘은 공동 운명체이며
늘 나와 함께하고 있다는 것입니다.

깨달음의 본질은
하늘의 마음을 얻기 위해
기도와 수행이 필요없다는 것이며
인간이 깨달음을 얻기 위해
아무것도 필요하지 않다는 것을
알아채고 눈치채는 것입니다.

깨달음은
의식이 확장되는 순간에 이루어지는 것입니다.
깨달음은
의식의 전환이 일어나고
의식이 깨어나는 것을 말합니다.
깨달음은
매 순간 의식의 트임에 있는 것이며
의식의 트임은
내가 알아채고 눈치채는 것을 의미합니다.

최고의 셀프티칭은
깨닫고자 하는 생각이나 욕망을 멈추고
매 순간 감사와 순수함으로
만물이 나이고
만물이 나 아닌 것이 없음을
가슴으로 느끼는 순간 순간마다
나의 의식이 깨어나고 있다는 것을
눈치채는 것입니다.

나의 존재는 자유의지에 의해
매 순간 세계와 나를 창조하고 있으며
매 순간 나라는 존재가 새롭게 생성되고 있음을
눈치채고 알아채는 것이
깨달음의 실체입니다.

그대는 아직도 깨닫기 위해
토굴을 찾아가고
풍경소리 깊은 절을 찾아가고자 하는가?
그대는 아직도 수행할 시간이 부족해서
그대가 깨닫지 못했다고 생각하는가?
그대 아직도 신을 만나기 위해
새벽 기도를 통해
통성 기도를 통해
가부좌를 틀고 앉아
경전을 암송하고 디크리를 하면
하늘의 마음을 얻을 수 있다고 생각하는가?

하늘의 마음은 곧 우주심입니다.
하늘의 마음은 얻는 것이 아닙니다.
하늘은 스스로 정해놓은 그 길을 가고 있을 뿐입니다.
당신이 간절한 기도를 한다고
남이 잘 들을 수 있는 통성기도를 한다고
하늘의 마음을 얻을 수 있다고 생각하십니까?

하늘은 스스로 정한 그 길을 갈 뿐입니다.

일어날 일들은

당신의 기도가 없어도 일어납니다.

당신의 노력이 없어도

당신이 아무것도 하지 않아도

일어날 일들은 일어나고 있습니다.

당신의 기도와 수행이 없어도

당신이 아무것도 하지 않아도

당신이 아무리 하늘을 원망한다고 할지라도

당신에게 일어날 일들은 일어날 것입니다.

이것이 하늘이 일하는 방식이며

이것이 하늘의 마음입니다.

그대 아직도 하늘의 마음을 얻어

깨달을 수 있다고 생각하는가?

성인에 대한 환상 내려놓기

성인(聖人)은 구름을 타고 오지 않습니다.
성인은 우주선을 타고 오지 않습니다.
성인은 여인의 아들로 태어나
지상에서 만들어집니다.

성인은 연예인처럼 잘생기지 않습니다.
성인은 멋있는 수염을 기르지도 않으며
성인은 꼭 남자일 필요도 없으며
성인은 꼭 여자일 필요도 없습니다.

성인은 하늘이 땅으로 보낸 보물이기에
때가 되기 전까지는
아무나 찾지 못하도록
아무나 찾을 수 없도록
꼭꼭 숨겨놓을 수밖에 없습니다.

천지 불인하며
성인 불인하기에
성인은 인자한 모습을 하고 있지 않습니다.
성인은 모든 것을 그냥 알기에
수행자의 모습을 하고 있지 않습니다.

성인은 하늘이 땅에 숨겨놓은 보물이기에

가장 낮은 곳에서

가장 평범한 이웃집 아저씨와

이웃집 아줌마의 모습으로 와 있을 뿐입니다.

보물이 보물임을 알아볼 수 있는 사람이

보물의 주인이 되듯이

성인을 알아볼 수 있는 안목을 가진 사람에게만

성인으로 보이면 되는 것입니다.

성인은 푸른 눈동자(눈푸른 납자)를 가지고 있지 않습니다.

성인은 높은 차원의 문을 열고

높은 차원의 우주적 정보를 땅에 전해야 하기에

높은 진동수를 견뎌야 합니다.

성인이 지상에서 만들어진다는 것은

육신의 옷을 입은 채로

높은 진동수로 몸을 만드는 과정이 진행된다는 것을 의미합니다.

진동수를 높이는 과정으로 인하여

성인이 만들어지는 과정에서

성인은 몸이 안 아픈 날보다는

아픈 날이 더 많을 수밖에 없을 것입니다.

성인은 사실 세상의 눈높이에서 보면

별볼일 없는 사람입니다.

세상은 돈으로 움직이고

돈에서 힘이 나오는데

성인은 돈이 되는 이야기를 하지 않을 것이기에
때가 되기 전까지는
누구에게도 주목받지 못할 것입니다.
성인은 세상의 눈높이에서 보면
흙수저의 삶을 살 수밖에 없을 것입니다.
성인은 세상의 눈높이에서 보면
세상에 없는 이야기를 해야 하기에
실속없는 사람으로 살 수밖에는 없습니다.

성인은 하늘이 숨겨놓은 보물이기에
인류의 의식의 눈높이에서
보물로 보일리가 있겠습니까?
하늘은 인류의 의식의 눈높이에 맞추어
인류의 에고를 모두 만족시키면서
모든 사람이 보물을 보고 탐낼 수 있도록 하는
어리석은 짓은 하지 않습니다.
하늘의 보물과 땅의 보물은 다르기에
성인은 인류의 의식의 눈높이에서는
별볼일 없는 사람으로 살고 있을 것입니다.

영웅은 사람을 많이 죽이지만
성인은 사람을 살리기 위해 왔기에
그때가 되기 전에는
아무도 알아보지 못할 것입니다.
그때가 되어도 성인은 인정받지 못할 것입니다.

현재 인류의 의식 수준에서 인류는
자신이 믿고 싶은 대로만 믿으려 하고
자신이 보고 싶은 것만을 보려 하고
자신이 듣고 싶은 것만을 들으려 할 것이기에
성인은 결코 인정받지 못할 것입니다.

천지는 불인하며
성인은 불인할 수밖에 없는 것이
하늘의 이치이고
땅의 이치입니다.
성인은 이치에 맞는 이야기를 할 것입니다.
성인은 순리에 맞는 이야기를 할 것입니다.
성인은 돈이 되는 이야기를 하지 않을 것입니다.
성인은 아무도 관심이 없는
하늘 이야기를 할 것이며
보이지 않는 세계에 대해서 이야기할 것입니다.
성인은 사실
별볼일 없는 사람이
별볼일 없이 살다가
별볼일 없는 이야기를 하는 사람입니다.
하늘에서 높은 자리에 있던 성인이
땅에 내려오면
별볼일 없는 신분으로
별볼일 없는 이야기를 하다가
그렇게 살다가 가는 것이 성인의 삶이었습니다.

부처님은 먹을 것이 없어 굶어 죽었으며
예수님은 십자가에 못박혀 죽었습니다.
그렇게 살다가 가는 것이 성인의 삶입니다.
성인이 되고 싶으십니까?
성인이 되기 위해
아직도 기도와 수행을 하고 계십니까?
성인을 찾기 위해
아직도 수염난 도사와 거사들을 찾아다니고 있습니까?

하늘에서 귀한 성인이
땅에서는 별볼일 없는 시대가
물질의 시대이며 종교의 시대입니다.
하늘에서 귀한 성인이
땅에서 귀한 사람이 되는 시대가
영성의 시대입니다.

지금은 물질의 시대이며 종교의 시대입니다.
이 땅에 성인이 내려와 있다면
별볼일 없는 사람으로 내려와 있을 것입니다.
때가 되기 전까지는
아무도 그를 알아보면 안되기 때문입니다.
이것이 하늘이 일하는 방식입니다.

성인을 찾으십니까?
귀인을 찾고 계십니까?

성인을 만나고 싶고
하늘 사람을 만나기 전에
당신 이웃에 평범하게 살고 있는
수많은 부처와 보살들을 먼저 알아보실 수 있겠습니까?
당신의 눈에는 당신의 이웃에
예수님의 가르침대로 평범하고 소박하게 살며
하늘을 모시고 살고 있는
수많은 예수님이 보이지 않으십니까?

성인은 그렇게 이 땅에 살고 있습니다.
성인은 그렇게 이 땅에서
평범한 하늘 사람으로 살고 있습니다.
성인은 그렇게 이 땅에서 밀려나
별볼일 없는 빛의 일꾼으로 살고 있습니다.

이것이 성인에 대한 불편한 진실입니다.
인류의 건승을 빕니다.

도통과 신통

도통(道通)과 신통(神通)은 종교인들과 영성인들의
간절한 꿈입니다.
하늘의 도를 깨우치기 위해
신을 만나기 위해
신이 준다고 믿고 있는 신통력을 얻기 위해
크게 한 소리를 듣기 위해
기도와 수행을 하고 있는 종교인들과 영성인들이 참 많습니다.

남처럼 살고 싶다고
남들처럼 평범하게 살고 싶다는 사람보다는
남과는 다르게 살고 싶고 남보다 우위에 서고 싶고
남이 가지고 있지 않은 특별한 능력을 가지고 싶다는 욕망은
인간이 가지고 있는 강력한 자만과 교만의 모습입니다.
도통과 신통은 종교인과 영성인에게
참을 수 없는 달콤한 유혹입니다.

아침에 도를 들으면 저녁에 죽어도 좋고
도통을 얻어 사람들을 이롭게 하고
도통을 얻어 세상을 구하고
도통을 얻어 윤회의 사슬을 끊겠다고
마음의 보따리를 싸기도 합니다.

도통을 얻기 위해
도통을 이루기 위해
도통을 완성하기 위해
기도와 수행을 하기 위해
명당을 찾아서 명상을 합니다.

도통을 이루기 위해서는
신의 마음을 얻어야 한다고 믿고 있습니다.
도통을 이루기 위해서는
하늘의 마음을 얻어야 한다고 믿고 있습니다.
도통을 완성하기 위해서는
인간의 마음을 얻어야 한다고 믿고 있습니다.
도통을 완성하기 위해서는
내 마음을 갈고 닦아야 한다고 믿고 있습니다.

신통을 얻기 위해
신통을 이루기 위해
신통력을 완성하기 위해
신통력이 있는 도사를 찾아
신통력이 있는 스승을 찾아
마음의 보따리를 싸서
마음을 찾아 길을 떠납니다.

신통을 얻기 위해서는
신의 마음을 얻어야 한다고 믿고 있습니다.

신통을 이루기 위해서는
신이 기뻐하는 일을 해야 한다고 믿고 있습니다.
신통을 이루기 위해서는
신의 말에 순종하고 복종해야 한다고
그렇게 믿고 있습니다.
신통을 완성하기 위해서는
신의 가호를 받고 신의 가피를 얻어야 한다고
그렇게 알고 있으며 그렇게 믿고 있습니다.

도통과 신통은
물질의 시대에 종교의 시대에
하늘이 설치한 종교 매트릭스입니다.
도통과 신통은
물질의 시대에 종교의 시대에
하늘이 설치한 보이지 않는 세계에 대한
여시아문의 매트릭스입니다.

도통과 신통의 매트릭스는
물질의 시대에
영혼들의 물질 체험을 리얼하게 하기 위해
보이지 않는 세계가 있다는 것을 알려주기 위해
하늘이 있다는 것을 보여주기 위해
영성의 시대를 준비하기 위해
하늘이 설치하고 운영하고 관리한
여시아문의 세계입니다.

도통과 신통의 매트릭스를 통해
하늘은 커튼 뒤로 숨었습니다.
여시아문의 세계를 통해
하늘이 있다는 것을 보여 주었습니다.
눈에 보이는 것이 전부가 아님을
눈에 보이지는 않지만
하늘이 있음을 알려주고 보여 주었습니다.

도통은 매일 일어나고 있습니다.
인간의 의식의 눈높이에서가 아닌
하늘이 일하는 방식에 의해
도통은 일어나고 있습니다.
우주의 정보를 운반하기로 예정된 이들을 통해
고차원의 과학기술을 운반하기로 예정된 사람을 통해
고차원의 정신문명을 운반하기로 예정된 사람을 통해
영감과 직관력을 통해
내면의 느낌을 통해
도통은 일어나고 있습니다.

신통은 매일 일어나고 있습니다.
여시아문의 세계를 통해
하늘이 들려주는 소리를 듣고
하늘이 보여주는 형상을 보고
신비체험을 하게 하고
치유 능력을 주어 치유가 이루어지도록 하고 있습니다.

여시아문의 세계의 신비체험을 경험한 인자들은
자신이 신통을 이루었다는 착각속에서 살아가고 있습니다.
신이 나를 특별히 사랑해서
신이 나만을 특별히 사랑해서
하늘이 내 기도와 수행의 댓가로
하늘이 내 정성을 알아보고
신통을 이루게 해주었다고
그렇게 알고 있으며 그렇게 믿고 있습니다.

도통과 신통의 매트릭스를 통해
여시아문의 세계를 통해
깨달음에 대한 허상을 좇게 하였습니다.
도통에 대한 허상을 좇게 하였습니다.
신통에 대한 허상을 좇게 하였습니다.
도통과 신통을 이루어 당신의 삶의 질이 나아졌습니까?
신비체험을 통해
당신은 잠시 행복하셨겠지만
지속가능한 것이 아님을 알고 계실 것입니다.
내가 원하는 것을 보는 것이 아니며
내가 원하는 소리를 듣는 것이 아니라는 것을
눈치채고 알아채셨을 것입니다.

도통은
삶의 매 순간 순간마다 이루어지고 있는
의식의 확장을 말합니다.

도통은
내 안에 있는 신성한 영혼과의
만남과 소통을 의미합니다.
도통은
우주적 신분에 맞는
차원의 문과 차원의 벽을 넘어
우주의 정보 네트워크에 접속됨을 의미합니다.

도통은 그냥 아는 것입니다.
도통은 세상 만물과 느낌으로 공명하는 것입니다.
도통은 인신합일을 말하는 것입니다.
도통은 신인합일을 말하는 것입니다.
도통은 세상의 이치를 그냥 아는 것입니다.
도통은 우주의 이치를 그냥 아는 것입니다.

신통은
하늘의 에너지체(천사)가
나에게 배속됨을 의미합니다.
신통은
나의 능력이 아닌
천사들이 나를 통해 일하고 있는 것입니다.
신통은
나의 능력인 것처럼 보이지만
내 안에 하늘과의 소통을 위해 준비된
무형의 기계장치들이 작동되는 것입니다.

신통은
영적인 능력은
하늘이 내 몸에 설치한
무형의 기계장치들에 의해
우주의 정보가 해석되고 인지되는 것입니다.
신통은
영적인 능력은
특별할 것도 없이
예정된 인자에게 예정된 일이
일어나는 것에 불과합니다.

도통과 신통을 얻기를 원하십니까?
도통과 신통을 얻어 무엇을 하려 하십니까?
도통과 신통을 통해 사람의 마음을 얻어
무엇을 하고자 하십니까?

하늘의 마음을 얻어 무엇을 하려 하십니까?
신의 마음을 얻어 무엇을 이루려 하십니까?
하늘 일을 아무나 할 수 있다고 생각하십니까?
하늘 일을 하늘이 아무에게나 맡긴다고 생각하십니까?

하늘의 일은
자신의 삶의 십자가를 지고 가야하는 길입니다.
하늘의 일은
하늘의 십자가를 지고 가야하는 길입니다.

하늘의 일은
우주의 십자가를 지고 가야하는 길입니다.
도통과 신통은
하늘 사람이 하늘 일을 하기 위해
방편으로 준비된 것에 불과한 것입니다.
도통과 신통은
하늘 사람이 하늘 일을 하기 위해
하늘과 함께한다는 징표일 뿐입니다.

이것이 도통과 신통에 대한 불편한 진실입니다.
하늘 사람들의 건승을 빕니다.

당신의 사랑은
지금 무엇을 하려 하는가?

세상에서 인간만이 유일하게
자기 자신을 비난하고 자책하고
자신을 아프게 합니다.
세상에서 인간만이 유일하게
자기 자신을 공격하고 비판하고
자신의 생명을 끊는 자살을 합니다.

세상에서 가장 좋은 벗은 자기 자신입니다.
세상에서 가장 나쁜 벗도 자기 자신입니다.
세상에서 나를 구할 수 있는 큰 힘도
나 자신의 내면속에 있습니다.
세상에서 나를 해치는 가장 무서운 칼도
나 자신속에 있습니다.

외부에서 신을 찾는 사람은
직업적인 종교인이 되거나
교리에 갇힌 신앙인이 될 것입니다.
외부에서 깨달음을 찾는 사람은
하늘의 마음을 얻어서
도통이나 신통을 얻겠다는 야망을
이루지 못할 것입니다.

자신의 내면에서 신을 찾는 사람은
경계가 없기에 자유인이 될 것입니다.
영혼의 신성함을 믿는 사람을
영성인이라고 합니다.

내 안에 있는 신을 발견하게 되면
수많은 종교와 사상과 철학들은
오염된 텍스트라는 것을 알게 될 것입니다.

내 안에 있는
하늘의 마음과 함께하는 사람은
신의 마음을 얻기 위해 애쓰지 않아도 된다는 것을
알고 있는 사람입니다.
내 안에 있는
하늘의 마음을 꺼내어 쓸 수 있는 사람은
하늘의 마음을 얻기 위해 애쓰지 않아도 된다는 것을
알고 있는 사람입니다.
내 안에 있는
하늘의 마음을 꺼내어 쓰고 있는 사람은
의식이 깨어난 사람이며
하늘 사람입니다.

마음 공부란
가슴속에 하늘이 심어 놓은
신을 찾아가는 긴 여정입니다.

마음 공부란
가슴속에 하늘이 심어 놓은
하늘의 마음을 이해하는 과정입니다.
마음 공부란
가슴속에 하늘이 심어 놓은
하늘의 마음을 꺼내어 쓸 수 있는 것입니다.

한번 태어나면 반드시 죽어야 하는
모탈(mortal) 세계에서
자신의 영혼이 신성하다는 것을 깨닫는데
참 많은 시간이 필요하며
시절인연이 필요합니다.

모순 덩어리인 내가
별볼일 없는 내가
이렇게 평범하게 살고 있는 내가
신이라는 사실을 인정하고 깨닫는 것은
결코 쉽지 않을 것입니다.

신에 대한 오해와
불완전한 이해들을 극복하는 것이
공부의 과정이자
삶의 과정이자
영혼의 물질 체험이 갖는 의미입니다.

하늘에 대한 의식을 확장하는 과정이
깨달음의 과정이며
영혼의 진화 과정이며
창조주의 의식과의 합일입니다.

나의 삶과 나의 영혼이 분리되어 있지 않습니다.
나의 영혼과 우주는 분리되어 있지 않습니다.
영혼의 물질 체험이란
나의 삶과 나의 영혼과 우주는
하나로 연결되어 있다는
전체성을 이해하는 과정입니다.

생명을 가진 모든 것들은 신성한 존재들입니다.
신성한 존재들은 모두
자기 가슴속에 있는 영혼의 신성함과
양심을 상징하는 사고조절자라는 모나드를 가지고 있습니다.

모나드들은
서로 분리되어 있는 것처럼 보여
나와 관계없어 보이지만
서로 연결되어 있습니다.

우리 모두는 영혼의 고향인
신에게로 돌아가는 여행을 떠난
우주의 여행자입니다.

보이는 것들은 보이지 않는 것들을
이길 수 없습니다.

힘들고 어렵고 고단한 3차원 지구에서의 삶은
언뜻 보기에
누가 더 우월해 보이지만
삶의 여정은 누구나 고유하며
삶의 여정은 누구나 존중받아야 합니다.

신에 대한 오해가 줄어들수록
신에 대한 편견이 줄어들수록
신은 그저 나와 동행하는 친구라는 것을 알게 될 것입니다.

친한 친구일수록
소중한 친구일수록
나에게 아무것도 바라지 않고
나의 자유의지를 존중해 주며
나와 어떠한 조건없이 늘 동행해 줄 것입니다.

신에 대한 최고의 진실은
신은 나에게 우리에게
아무것도 원하는 것이 없다는 것입니다.

오직 사랑하고
사랑을 확장해서 집으로 돌아오길 바랄 뿐입니다.

집으로 돌아가는 여행에서
조금 일찍 돌아가고
조금 늦을 뿐입니다.

인간과 신 그리고
영혼에 대해 알고 나면
이 우주에서 잘못되는 것은
아무것도 없다는 것을 알 수 있습니다.

오직 영혼의 물질 체험을 통하여
영혼의 성장과 진화가 있을 뿐입니다.
물질적 세계는 환영일 뿐입니다.
영원한 건 내 가슴속에 있는
한줄기 사랑보다 더 소중한 건 없습니다.

오늘도 신은
나와 당신에게 묻습니다.
당신의 사랑은
지금 무엇을 하려 하는가? 라구요.

마음 공부를 해야 하는 이유

나 자신을 믿지 못하면
타인을 온전하게 믿을 수 없습니다.

타인을 어떤 순간에서도 믿을 수 있으며
타인을 어떤 순간에서도 신뢰할 수 있는 것은
자기 자신의 판단을 온전히 신뢰할 수 있을 때만
타인을 온전하게 믿을 수 있는 것입니다.
타인을 믿지 못하는 것은
타인에 대한 나 자신의 판단을 믿지 못하고
흔들리기 때문입니다.

타인과의 관계가 힘들고 어려운 것은
타인에게 문제가 있는 것이 아닙니다.
타인과의 관계가 문제가 있다면
그것은 자신의 문제가 확장되어 모순으로 드러난 것이며
이것이 타인과의 문제의 본질입니다.
모든 문제점의 시작은 나의 의식의 문제입니다.

마음은 에너지입니다.
내 머릿속 생각인 에고 역시 에너지입니다.
사랑도 미움도 증오도 원망도 에너지입니다.

나를 불편하게 하고 있는 것의 실체는
내가 그때 그 순간 그 상황에 노출되어 있는 에너지에
반응을 하고 있는 것입니다.

마음을 다스리고
마음을 내려놓는다는 것은
다짐만으로 되는 것이 아닙니다.
마음과 에고의 작용으로 일어나고 있는
부정적인 에너지에 내가 반응하고 있다는 것을 알아채고
그 에너지를 그냥 흘려보내야 합니다.

불편하고 부정적인 에너지에
내가 화를 내고 증폭해서 되돌려주는 것이 일상의 삶입니다.
그리고 그 탓을 외부 환경이나 타인 탓을 하며
자기를 위로하는 메커니즘으로
대부분의 사람들은 살아가고 있습니다.

내가 상대방이 발산하고 있는 부정적인 감정에 반응하지 않고
그냥 흘려보내면 되는 것인데
내가 타인의 부정적인 에너지를 끌어당겨 반응하고 있는 것입니다.

결국 어떠한 감정상의 문제는
나 자신이 창조하고
나 자신이 반응해서 생긴
나의 창조물인 것입니다.

누구 때문에 무슨 일 때문에
화를 내고 마음이 동요되었다면
원인은 외부에 있지만
그것은 내가 그 부정적인 에너지를 흘려보내지 못하고
반응하고 끌어들인 내 탓이 되는 것입니다.

궁극적으로 내 삶의 모든 것은
이처럼 내가 창조하고 불러들인
에너지 법칙에 의해 지배되고 있는 것입니다.
내 마음의 평화
내 마음의 여유와 사랑
인간에 대한 깊은 연민의 에너지와
인간에 대한 사랑과 자비의 에너지가 나에게 없다면
나는 어떤 순간에도
사랑과 자비와 연민의 에너지를 꺼내 쓸 수 없으며
타인의 사랑과 자비와 연민의 에너지에 공명할 수 없는 것이
우주의 법칙입니다.

세상의 모든 인과의 법칙은
에너지의 법칙으로 이루어져 있습니다.
모든 풍요와 부족함이 없는 세상은
오직 자신의 내면에서
에너지적으로 준비되어 있어야만 실현될 수 있습니다.
우리는 매 순간마다 마음이라는 의식을 통해
세상을 창조하고 있는 창조자인 것입니다.

나를 힘들게 하는 모든 것은
내가 만들어 낸
내 마음의 에너지와 나의 의식 때문인 것입니다.

세상은 늘 소란하고 어지럽습니다.
세상은 늘 그래왔으며 앞으로도 그럴 것입니다.
내가 달라지지 않는 한
세상은 달라지지 않습니다.

세상은 늘 분주하고 어지럽습니다.
세상은 늘 그래왔으며 앞으로도 달라지지 않을 것입니다.
내가 달라지지 않는 한
내가 변하지 않는 한
나의 의식이 확장되지 않는 한
세상은 늘 바람불고 어지러울 수밖에 없기 때문입니다.

이것이 당신과 내가
마음 공부를 해야 하는 이유입니다.

구원의 길

인간이 자신의 신성함을 깨닫는 것 이외에
다른 구원의 길은 없습니다.

세상은 구원 받으려는 사람과
깨달음을 얻으려는 사람으로 가득 차 있습니다.

누군가는 구원을 받는다는 것은
죽어서 천당에 가는 것이라고 알고 있으며
실제로 그렇게 믿고 있습니다.
누군가는 구원을 받는다는 것은
죽어서 하느님 나라에 가는 것이라고 알고 있으며
실제로 그렇게 믿고 있습니다.

누군가는 구원을 받는다는 것은
죽어서 영원한 생명을 얻는 것이라고 알고 있으며
실제로 그렇게 믿고 있습니다.
누군가는 구원을 받는다는 것은
물질계를 졸업하여 윤회의 고리를 끊는 것이라고
그렇게 알고 있으며
실제로 그렇게 믿고 있습니다.

누군가는 구원을 얻는다는 것은
깨달음을 얻어 열반의 세계에 들어
보살이 되고 부처가 되는 것이라고
그렇게 알고 있으며
그렇게 믿고 있습니다.

당신은 깨달음을 얻기를 원하십니까?
당신은 구원 받기를 원하십니까?

깨달음과 구원은
보이지 않는 세계를 믿고
보이지 않는 하늘을 믿는 사람들에겐
물질세계를 살고 있는 인간의 가장 궁극적인 삶의 목표이자
살아가는 이유가 됩니다.

세상에는 깨달음을 얻고자 하는 사람들로 가득 차 있습니다.
세상은 깨달음을 얻어
세상을 이롭게 하겠다는 사람들로 가득 차 있습니다.

세상에는 신에게 구원 받기를 원하는 사람들로
가득 차 있습니다.
세상에는 신에게 구원 받기 위해
기도하는 사람들로 가득 차 있습니다.
세상에는 신이 인간을 구원해준다고 믿고 있는 사람들로
넘쳐나고 있습니다.

인간이 자신의 영혼의 신성함을 깨닫는 것 외에
다른 구원의 길은 없습니다.
영혼의 운명은
영혼의 물질 체험을 통해서만
영혼의 진화를 할 수 있으며
영혼의 진화는 시작도 없고 끝도 없이
영원하다는 것을 깨닫는 것 외에
다른 구원의 길은 없습니다.

인간은 자신의 의지로
물질세계를 졸업할 수도 없으며
인간은 자신의 의지로
윤회의 사슬을 끊을 수 없으며
삶은 하늘이 나에게 준 축복이며
삶은 하늘이 나에게 준 선물이며
영혼의 물질 체험은 영원하다는 것을 깨닫는 것 외에는
다른 구원의 길은 없습니다.

영혼의 물질 체험은 축복이며
영혼의 물질 체험은 사랑이며
영혼의 물질 체험은
창조주께서 대우주에 펼쳐 놓은
삼라만상을 체험하는 유일한 방법임을 깨닫는 것 외에는
다른 구원의 길은 없습니다.

영혼에게 삶은 축복입니다.
인간에게 삶은 축복입니다.
동물에게 삶은 축복입니다.
식물에게 삶은 축복입니다.

물질세계를 여행하고 있는 모든 영혼에게
삶은 축복이며
삶은 선물입니다.

선물이 마음에 안들어 힘들어 하시는 분들과
더 좋은 선물을 받지 못해 아쉬워하는 분들과
남의 선물이 더 좋아보이는 사람들과
더 많은 선물을 받기 위해 기도하는 사람들이 있을 뿐입니다.
더 많은 선물과 더 좋은 선물을
이번 생뿐만 아니라
다음 생에도 약속해달라고 기도하시는 분들도 있습니다.

영혼의 물질 체험을 하는 영혼들에겐
기도하지 않아도 되는 참 많은 특권이 있습니다.

첫번째
깨달음을 구하지 않아도
당신의 영혼은 깨달음을 향해 가고 있으며
이것이 당신의 영혼이 진화하는 이유입니다.

두번째

영원한 생명을 달라고 구하지 않아도

당신의 영혼은 당신의 영혼이 태어나는 순간

영원한 삶을 약속 받았으며

창조주의 그 약속은 우주에서 단 한번도

바뀐 적이 없다는 것입니다.

세번째

죽어서 가는 천당에 가게 해달라고

기도하지 않으셔도 됩니다.

죽어서 영혼이 가는 천당은

이 우주에는 없습니다.

당신의 영혼이 잠시 머물다 영과 혼을 정화하고

영과 혼의 떨어진 진동수를 높여주는

행성의 영단이 있을 뿐입니다.

영혼의 여행은 영원합니다.

영혼의 물질 체험은 영원한 삶입니다.

영혼의 여행이 신성함을 깨닫는 것 외에는

다른 구원의 길은 없습니다.

영혼의 여행은 당신의 영혼이 소멸되지 않는 한

영원한 생명을 약속받은

위대한 영혼임을 깨닫는 것 외에는

다른 구원의 길은 없습니다.

당신들은 그것을
실현하는 씨앗입니다.

신은
자신과 동료가 되길 원하지
구걸자가 되는 걸 원하지 않습니다.

신에게 이름이 있다면
그건 사랑입니다.

내부에서는
신을 찾고 볼 줄 알고
보이지 않는 하늘에 감사할 줄 알고
외부에서는
우주를 발견하는 사람이 되십시오.

조물주의 조물 작용

같은 시간
같은 공간에서
똑같은 이야기를 듣고도 말귀를 못 알아들어서
사오정 소리를 듣는 사람이 있습니다.

다른 시간
다른 장소에서
똑같은 이야기를 듣고도
말귀를 잘 알아듣는 사람이 있습니다.

같은 시간
같은 장소에서
똑같은 이야기를 듣고도
어떤 사람은 머리로 이해는 하지만
가슴으로 공명을 못하는 사람이 있습니다.

같은 시간
같은 장소에서
똑같은 이야기를 들어도
어떤 사람은 머리로는 이해하지 못하지만
가슴으로는 공명하는 사람이 있습니다.

사람은 누구나
자신의 생각의 토대 위에서
계산서들이 오고 가며
세상을 이해하면서 때로는 오해하면서 살아가고 있습니다.

사람은 누구나
자신의 신념의 토대 위에서
자신의 느낌대로 자신의 예측대로
세상을 이해하면서 때로는 오해하면서 살아가고 있습니다.

내가 이렇게 이해하는 것을
저 사람은 저렇게 오해를 하고 있습니다.
나는 요렇게 이해한 것을
저 사람은 저렇게 오해를 하고 있습니다.
이해가 잘못되어 생긴 오해들로 인하여
서로 가야할 길이 달라지게 됩니다.

자신의 의식의 눈높이에서
세상을 이해하고 세상을 오해하면서
우리는 삶을 살아가고 있습니다.
우리 모두는 각자의 의식의 눈높이에서
세상이라는 텍스트를 두고
해석을 하고 있으며
오독(미스리딩)을 하면서
자신의 삶을 살고 있는 것입니다.

이해의 방식이란
내면의 의식의 흐름과 외부의 에너지 사이에
충돌없이 원활한 흐름의 상태를 말합니다.
오해 즉 미스리딩이란
내면의 의식의 흐름과 외부의 에너지 사이에
충돌이 발생한 상태를 말합니다.

사람의 성격을 천성(天性)이라고 합니다.
사람의 성격은 조물주에 의해 조물되는데
이것을 천부인권(天賦人權)이라 합니다.
사람의 성격은 창조주의 조물 작용에 의해
영의식 프로그램과 혼의식 프로그램에 의해 탄생됩니다.

조물주의 조물 작용에 의해
인간의 성격이 탄생됩니다.
창조주의 조물 작용에 의해
사고조절자가 부여됩니다.
사고조절자에 의해 영의식이 발현됩니다.

조물주의 조물 작용에 의해
인간의 성격이 탄생됩니다.
창조주의 조물 작용에 의해
혼의식 매트릭스와 혼의식 프로그램이 결정됩니다.
혼의식 매트릭스(빛·중간·어둠)는
빛의 굴절률을 결정합니다.

빛의 굴절률이 클수록
사물을 인식하는데 오류가 발생합니다.
빛의 굴절률은
빛의 매트릭스가 제일 작으며
어둠의 매트릭스가 제일 큽니다.

조물주의 조물 작용에 의해
혼의식 프로그램이 결정이 됩니다.
인간의 12개의 감정선과 7개의 의식선들에
창조주의 조물 작용으로 인하여
모순과 개성을 가진
천부인권을 가진 인간이 탄생됩니다.

조물주의 조물 작용에 의해
세상을 이해하는 방식과
세상을 오해(오독)하는 방식을 가진
천부인권을 가진 인간이 탄생됩니다.
영혼의 진화 과정에 따라
영혼이 가지고 태어나는 숙명에 따라
인생 프로그램의 내용에 따라
인간의 다양한 성격과 모순들이
창조주에 의해 결정이 되어 탄생됩니다.

창조주의 조물 작용에 의해
인간의 성격은 프로그램됩니다.

이번 삶에서의 프로그램과 연관되며
이번 삶의 카르마와 연관되어
인간의 성격 또한 정교하게 프로그램됩니다.
이것을 성격 봉인 또는 형질 봉인이라고 합니다.

생각에서 자유로울 수 없는 게
3차원의 우리의 삶입니다.
감정 하나 생각 하나
마음 한 자락까지
성격 봉인(형질)을 통해
하늘에 의해
창조주에 의해 관리되고 통제되고 있습니다.

인간의 다양한 성격들이
조물주의 조물 작용에 의해 결정됩니다.
조물주의 조물 작용에 의해
인간이 세상이라는 텍스트를 읽는
이해의 방식과 오해의 방식이 결정됩니다.
조물주의 조물 작용에 의해
의식의 크기가 결정이 되며
성격이 결정이 됩니다.

우주의 비밀과 우주의 진리는
상식의 저항과 에고의 저항을 통과해야
비로소 나의 진리가 되는 것입니다.

오늘 대중의 상식은 미래에는 법칙이 될 것이며
오늘 소수의 진실은 미래에는 상식이 될 것입니다.

대우주의 진리는
가슴으로 느끼고
가슴으로 공명하는 것입니다.
진실은 불편한 것입니다.
소수의 진리가 모두의 진리가 될 때까지
상식의 저항과 에고의 저항을 거치며
그렇게 그렇게
하늘 사람들의 의식은 전환되는 것이며
빛의 일꾼들의 의식은 깨어나는 것입니다.

내가 진리를 들었을 때
내가 진리를 보았을 때
내가 진리를 만났을 때
진리의 씨앗이 심어져 있는
하늘 사람들과 빛의 일꾼들은
알아챔과 눈치챔이 시작될 것입니다.

지금이 그때입니다.

느낌으로 공명하기

생각이 많은 사람일수록
몸이 많이 아프고
몸따로 마음따로여서
내 마음을 나도 잘 모르는 경우가 많습니다.

말이 많은 사람일수록
감정 조절이 잘 안되고
말따로 행동따로여서
실속이 없는 사람이 많습니다.

자신이 똑똑하다고 생각하는 사람일수록
아는 소리를 많이 하는 사람일수록
자신은 합리적이며
논리적인 사고를 하며 살아가는 사람이라고
그렇게 믿고 있는 사람이 많습니다.

'한번을 만나도 느낌이 중요해'
귀에 익은 대중가요의 한 구절입니다.
내 마음을 마음대로 할 수 없을 때
내 마음을 내가 잘 모를 때
내 생각이 잘 정리가 되지 않을 때

그냥 아무 생각없이
느낌에 따라 행동하는 경우가 많습니다.

느낌은 영혼의 언어입니다.
느낌은 사물의 본질을 꿰뚫어 볼 수 있는
영혼의 신성한 울림입니다.
느낌은 진리에 공명하는 내면의 소리입니다.
느낌은 서로 동기감응하는 끌림이며
느낌은 영혼의 대화입니다.

진리를 찾는다는 것은
말이 통하지 않는 사람들끼리
서로의 마음을 얻기 위해
애를 쓰는 것만큼이나 어려운 일입니다.

느낌은 최상의 언어입니다.
영혼과 영혼의 대화가 느낌이며
자연과 인간의 대화 역시 느낌이며
내 안에 있는 나와의 소통 역시
느낌의 언어로 이루어지기 때문입니다.

상위자아와의 대화와 소통 역시
느낌으로 이루어집니다.
창조력과 상상력의 토대인 영감 역시
느낌의 영역입니다.

그냥 안다는 것은 직관의 영역입니다.
직관 역시 느낌의 영역입니다.
말이 필요없는 염화시중의 미소를
느낌의 언어로 이해할 수 있으며
느낌의 영역의 중심에
알아챔과 눈치챔이 있습니다.

우리는 느낌을 통해
알아챔과 눈치챔을 이룰 수 있습니다.
우리는 알아챔과 눈치챔을 통해
깨달음에 대한 환상을 내려놓고
매 순간 의식의 확장을 통해
의식을 깨울 수 있습니다.

하늘과 땅의 소통이란
느낌이라는 형태로 이루어지고 있습니다.
하늘의 소리를 듣는 여시아문의 세계는
느낌을 통해 전달되는 에너지입니다.

하늘의 소리를 듣는다는 것은
몸으로 전해지는 에너지를
느낌으로 알아채고 눈치채는 것입니다.
하늘의 소리를 듣는다는 것은
영혼의 언어인 느낌으로
하늘과 땅이 소통하고 있는 것입니다.

생각 멈추기는
에고를 통해 작용하는
부정적인 생각과 부정적인 에너지들을
생각의 단계에서 차단하는 것입니다.
셀프티칭의 최고의 경지는
영혼의 언어인 느낌으로
의식의 확장을 통해
우주 만물의 이치를 그냥 아는데 있습니다.

하늘의 진리는 그냥 아는 것입니다.
우주의 진리는 학교에서 가르쳐주지 않습니다.
대우주의 진리 역시
찰나속에 느낌속에 함께하고 있기 때문입니다.

대우주의 정보가 구현되는 방식은
보이지 않는 공(空)의 세계에서는
정교한 에너지의 법칙속에 일어나고 있습니다.
대우주의 정보가 구현되는 방식은
눈에 보이는 색(色)의 세계에서는
눈에 보이는 물질의 세계에서는
그냥 아는 것입니다.

그냥 안다는 것은
느낌으로
느낌의 형태로

찰나의 순간에
우주의 정보 네트워크에 접속되는 것입니다.

그냥 안다는 것은
느낌으로
느낌의 형태로
찰나의 순간에
우주의 정보가 나를 통해 구현되는 것입니다.

그냥 안다는 것은
느낌으로
느낌의 형태로
찰나의 순간에
우주의 정보를 내가 해석하고
우주의 정보를 내가 이해한다는 것입니다.

셀프티칭의 주관자

하늘이 있기에 땅이 있습니다.
하늘의 계획이 있기에
땅에서 펼쳐짐이 있습니다.
하늘과 땅은 늘 소통하고 있으며
자연과 만물은 전체의식 속에서
하나로 연결되어 있습니다.

인간의 삶은
우주의 전체의식 속에서 이루어지고 있습니다.
인간의 삶은
세상에 내던져진 것처럼 보이고
우주의 미아인 것처럼 보이기도 합니다.
인간은 결코 하늘과 분리된 적이 없습니다.
인간은 우주의 전체의식 시스템에서
단 한번도 분리된 적이 없습니다.

영혼의 물질 체험을 위해
기억을 봉인하고 능력을 봉인하고
아무것도 모르는 채
전체의식에서 분리된 채 살고 있지만
우주의 전체의식 시스템에서 벗어난 적이 없습니다.

인간은 상위자아를 통해
하늘과 연결되어 있습니다.
인간은 상위자아를 통해서
보이지 않는 세계에서는
우주의 전체의식과 하나로 연결되어 있습니다.
인간은 상위자아를 통하여
본영과 연결되어 있으며
본영을 통하여
창조주의 의식에 연결되어 있습니다.

상위자아를 통해
하늘과도 연결되어 있으며
땅의 의식과도 연결되어 있습니다.
이것을 알아채고
이것을 눈치챔으로서
모든 영혼은 우주적 존재임을 알 수 있습니다.

상위자아와의 만남은
내가 우주로 통하는 유일한 통로입니다.
상위자아의 동의없이
나에게 일어나는 일은 아무것도 없습니다.
상위자아가 있기에 내가 있는 것입니다.
상위자아가 있기에
하늘의 의식에 내가 연결되어 있는 것이며
우주의 전체의식에 접속되어 있는 것입니다.

상위자아는
당신을 보호하기 위해
당신을 안내하기 위해
당신을 위한 프로그램이 셋팅된 특수한 에너지체입니다.
상위자아는 당신과 분리된 적이 없으며
당신의 모든 것을 알고 있습니다.

상위자아는
여러분들의 인생의 고비 고비마다
길을 준비하고 안내하고 있습니다.
상위자아는
당신의 꿈이나 내면의 소리를 통해
느낌으로 속삭여주고 있습니다.
상위자아는
당신의 모든 감정들을 느끼고 공명하고 있으며
에너지체로서 당신을 위해
최선을 다해 봉사하고 있는 존재입니다.

상위자아의 목소리가
상위자아의 의지가
당신의 느낌속에 있습니다.
영혼의 언어인 느낌으로
당신에게 메시지를 주고 있습니다.
그 느낌속에
알아챔과 눈치챔이 있어야 합니다.

셀프티칭의 주관자가
겉으로 보면 당신처럼 보입니다.
내가 나를 스스로 티칭하는 셀프티칭은
현실에서는 당신의 자유의지로 나타납니다.
눈에 보이지 않는 세계에서
진정한 셀프티칭의 주관자는
당신이 아닌 당신의 상위자아입니다.

셀프티칭의 주관자가
자신의 상위자아라는 것을
알아채고 눈치챈 사람은
비로소 보이지 않는 세계에 눈을 뜬
철이 든 사람일 것입니다.

상위자아 시스템은
지구 행성에서 인간을 대상으로
처음 도입된 시스템입니다.
상위자아를 본성(本性)으로 이해해도 좋으며
상위자아를 본영(本靈)의 대리자라고 해도 좋으며
상위자아를 보이지 않는 세계에서
에너지체로 존재하는 또 다른 나라고
이해해도 좋습니다.

물질세계에서의 셀프티칭의 주관자는
당신이며

비물질세계에서의 셀프티칭의 주관자는
당신의 상위자아입니다.
이것을 이해하고 받아들일 수 있다면
당신은 보이지 않는 세계에
눈을 뜬 사람일 것입니다.

당신의 건승을 빕니다.

아름다운 간격

어린아이가 부모에게 떼를 쓸 때는
어린아이의 입장에서 보면
그만한 이유가 반드시 있습니다.
부모의 입장에서 보면
어린아이의 요구를 들어주지 못하는
그만한 이유 역시 반드시 있습니다.

어린아이의 입장과
부모의 입장의 차이가
하늘과 땅의 간격이며
이것을 아름다운 간격이라 합니다.
어린아이는 자신의 입장에서
부모는 부모의 입장에서
서로가 서로에게 역할을 하고 있는 것입니다.

어린아이가 물질 체험을 하고 있는 당신이라면
부모는 당신의 상위자아입니다.
당신과 당신의 상위자아와의 관계는
두개의 철로가 마주보고 있듯이
일정하게 아름다운 간격을 유지하도록
역할이 주어져 있습니다.

당신이 하늘을 향해
복을 달라고 행운을 달라고 아무리 떼를 쓰고
하늘을 향해 통성기도를 한다고 해도
당신이 기도와 수행을 통해
깨달음을 얻게 해달라고
깨달음을 얻어 인류를 이롭게 하겠다는 마음으로
하늘에 빌고 또 빌어도
부모가 고집을 부리는 아이에게 그랬듯이
당신의 상위자아는 침묵속에서
당신에게 아름다운 간격을 유지할 것입니다.

하늘이 들어줄 수 있는 기도는
당신이 기도를 하지 않아도
저절로 이루어지게 되어 있습니다.
하늘이 들어줄 수 없는 기도는
당신이 아무리 떼를 쓴다고 해도
당신에게 아무 일도 일어나지 않을 것입니다.

당신의 상위자아는
하늘의 일을 하는 하늘의 에너지체입니다.
당신의 상위자아라고
당신을 무조건 도와줄 수 없습니다.
당신의 상위자아는
하늘의 마음을 품고 있으며
하늘의 의식을 가지고 있습니다.

아바타와 상위자아는
아름다운 간격을 유지한 채
함께 영혼의 물질 체험을 하고 있는 것입니다.

의식의 각성없이 하는
하늘과의 소통은 큰 의미가 없습니다.
의식의 전환없이
하늘이 일하는 방식을 모르는 채
상위자아에게 아무리 떼를 써봐도
돌아오는 것은 침묵뿐일 것입니다.

당신과 상위자아 사이의 아름다운 간격은
하늘이 일하는 방식이며
부모의 마음이며
하늘의 마음입니다.

하늘의 일도 땅의 일과 마찬가지로
공짜의 법칙이 없습니다.
인과의 법칙없이
이 우주에서 일어나는 일은 없으며
땅에서는 땅의 법칙과 질서가 있듯이
하늘은 하늘의 법칙대로
우주의 질서와 법칙인
사랑의 원리에 의해 진행되고 있음 또한
잊지 마시기 바랍니다.

하늘과 땅 사이는 너무 넓습니다.
하늘과 땅 사이에는
인간의 의식으로는 이해할 수 없는
아름다운 간격이 있습니다.
하늘에 떼를 쓰고
하늘을 원망하고
하늘에 어리광 부리고
하늘에 투정을 부린다고 되는 것이 아닙니다.

하늘은 하늘 스스로 정한 그 길을 갈 뿐입니다.
하늘을 이고 살 수밖에 없는 인간은
땅에서 땅의 눈높이로
인간의 의식의 눈높이로 살고 있습니다.
하늘과 땅의 아름다운 간격이 있기에
대우주는 순행할 수 있는 것이며
땅의 아픔이 있는 것이며
땅의 아픔을 지켜볼 수밖에 없는
하늘의 아픔이 있는 것입니다.

의식의 각성이 일어나지 않은 상태에서
셀프티칭과 생각 멈추기와 부정성 털어내기 등은
명백한 한계가 있습니다.
셀프티칭과 생각 멈추기의 본질은
나라는 작은 울타리를 벗어나
우주의 전체의식과 함께하는 것입니다.

상위자아와의 만남과 소통을 통해
생각 멈추기와
부정성 털어내기 등의
셀프티칭의 기술은
내면의 통로를 확보하는 것이며
상위자아와의 아름다운 간격을
하늘이 일하는 방식에 의해 좁혀가는 것입니다.

셀프티칭 기술이 성공하려면
하늘이 일하는 방식에 대한
이해가 먼저 있어야 합니다.
하늘이 일하는 방식에 대한
눈치챔과 알아챔을 위한 공부를 통해
하늘과 땅 사이가 조금은 가까워질 것입니다.
아바타와 상위자아와의 아름다운 간격 또한
당신의 의식이 깨어나면 깨어날수록
당신은 하늘의 마음과 공명하게 될 것입니다.

하늘의 마음을 얻기 위해선
부정적인 생각을 멈추고
부정적인 생각과 의식이
행동으로 나타나는 것을 막고
내 안에 큰 나가
내 안의 작은 나를 다스리게 해야 합니다.

그것을 위해
당신의 상위자아는
당신과의 만남을 고대하고 있습니다.
상위자아와의 만남과 소통을 통해
당신은 보이지 않는 세계에 눈을 떠야 합니다.
상위자아와의 만남을 통해
당신의 의식을 깨워야 합니다.

상위자아와의 소통을 통해 당신의 의식은
지구 대기권을 벗어나야 합니다.
상위자아와의 소통을 통해 당신의 의식은
하늘의 차원의 문을 열어야 합니다.
상위자아와의 소통을 통해 당신의 의식은
당신의 우주적 신분을 알아야 합니다.
상위자아와의 소통을 통해 당신의 의식은
하늘 사람으로서 마지막 때에
당신이 있어야 할 곳에서 빛의 일꾼으로서의
임무와 역할을 찾으시기 바랍니다.

그것을 위해 당신의 의식은 깨어나야 합니다.
그것을 위해 지금 당신은
이 글을 보고 듣고 있는 것입니다.

영적 능력은

천사의 말을 듣는 것이 아닙니다.

진정한 영적 능력은

하늘의 진리를 왜곡없이 들을 수 있는 것이며

사물의 본질을 꿰뚫어 볼 수 있는 것입니다.

진정한 영적 능력이란

하늘의 전체의식과 연결되어 있는 상태를 말합니다.

3부

내면의 소리와 영적 능력

내면에 대한 정리

에고는 혼의식의 발현입니다.
인간의 욕심과 욕망의 기원은 혼의식입니다.
영혼의 물질 체험을 위해서 혼의식이 도입되었습니다.
하늘이 물질세계에 펼쳐놓은 매트릭스를
천라지망이라고 합니다.
하늘이 땅에 펼쳐놓은 천라지망에 맞는
혼이라는 에너지를 영에게 부여하여
영혼의 물질 체험이 되었습니다.

인간은 혼의식에서 기원하는 자유의지와
영의식에서 기원하는 자유의지가 있습니다.
혼의식에서 기원하는 인간의 자유의지는
생존에 대한 본능과 부정성으로 알려져 있는
인간의 에고가 있습니다.
영의식에서 기원하는 인간의 자유의지는
창조주의 신성한 에너지에서 기원하는
사랑과 자비와 연민의 에너지가 있습니다.

인간의 내면에는
영이 가지고 있는 창조주의 신성이 있으며
혼이 가지고 있는 욕심과 욕망과 본능이 있습니다.

기도를 하고 수행을 하고
명상을 하고 디크리를 하는 것은
혼에서 나오는 부정적인 에너지를 정화하고 억제하려는
인간의 노력입니다.

인간의 내면에서
혼의식에 기반을 두고
끊임없이 올라오는 인간의 부정성들을 해결하기 위해
인류는 그동안 참 많은 노력들을 해왔습니다.
기도와 수행을 하고
명상과 디크리를 하고
법률과 제도를 통하여
인간의 내면에 있는 부정성들을 멈추고
인간의 내면에 있는 신성을 깨우려는 인류의 노력이
인간의 역사입니다.

인간의 내면에는
대화를 들려주는 존재들이 참 많습니다.
내면에 존재하는 에너지의 유형을 살펴보면 다음과 같습니다.

- 영의식에 기반을 둔 자신의 상위자아가 있습니다.
- 혼의식에 기반을 둔 에고가 있습니다.
- 무의식과 잠재의식에 저장되어 있으며 혼의식에 묻어있는
  세세생생(世世生生)에서 얻은
  카르마 에너지와 상념체 에너지가 있습니다.

- 영혼의 물질 체험을 돕기 위해 파견되어 있는
  하늘의 에너지체들이 있습니다.
  빛의 역할을 하는 천사들과 가이드 천사가 있으며
  어둠의 역할을 하는 귀신이라는 5차원의 에너지체와
  사탄과 마귀라고 알려져 있는
  하늘의 에너지체들이 있습니다.

우리가 내면으로 향하기만 하면 다 된다고
다 되는 것처럼 인식했던 인간의 내면에는
이렇게 많은 에너지들로 뒤섞여 있습니다.

인류는 내면에 대한 올바른 지식이 없었습니다.
내면에 있는 에너지체들에 대한 변별력 없이
아무것도 모르는 채 지금까지 살아온 것이
우리 인류의 삶이었습니다.
인간의 내면에는
이렇게 많은 에너지들이 한데 섞여 있다
나도 모르는 사이에 불쑥불쑥 튀어나오게 됩니다.

인류는 무지로 인하여
내면의 소리를 들었을 때
신의 소리나 신의 음성으로 인식을 합니다.
내면의 소리와 내면의 느낌은
인간의 삶을 운영하는 하늘의 정교한 프로그램속에서
진행되고 있습니다.

인간의 내면에 있는 모든 에너지체들은
하늘의 전체의식 속에서 움직이며
단일 명령체계 속에 움직이고 있습니다.
인간의 내면에서 내면의 소리를 들려주거나
인간의 내면에서 활동하고 있는 모든 에너지체들은
인류의 물질 체험을 풍요롭게 하기 위해
자신의 임무와 역할을 수행하고 있으며
모두가 한통속입니다.

인간의 내면에 대한 무지로 인하여
내면의 다양한 소리들을
신의 소리로 하늘의 소리로 인식하면서
수많은 종교들이 탄생되었으며
그 많은 종교들이 오염되기 시작했습니다.
인간의 내면에 대한 무지로 인하여
사회 문화의 전반에
그 많은 신의 이름을 빙자한 수많은 오염된 텍스트들이
지금도 쏟아지고 있습니다.
신의 이름으로 신의 뜻으로
신을 빙자하여 지금도 인류는 전쟁을 하고 있으며
신을 빙자하여 수많은 폭력들을 정당화하고 있습니다.

내면과의 대화는
보이지 않는 세계의 첫 관문이며
하늘의 좁은 문으로 향하는 첫 관문입니다.

깨닫고자 했던
깨달음을 추구했던
수많은 종교인들과 영성인들이
내면의 소리를 듣다가
여시아문의 세계를 믿다가
속절없이 너무나 많이 무너져 버렸습니다.

내면에 대한 이해없이
여시아문의 세계에 대한 이해없이
보이지 않는 세계에 대한 이해없이
하늘이 일하는 방식에 대한 이해없이
너무나 많은 종교인들과 영성인들이
하늘의 좁은 문에 걸려 넘어지고 있으며
쓰러져 갔습니다.

내면의 소리의 진실도

'내면으로 향하라'
'우주의 모든 진실이 그대의 내면에 있음을 알라'
'내면으로 향하라 그리하여 평안을 얻어라'
'그 평안속에서 고요함속에서 참진리를 얻을 것이다'

'내면으로 향하라'
'내면의 나와 대화하고
내면과의 대화를 통해 내 안의 본성과 하나가 되어라'
'내면으로 향하라'
'어디에도 흔들리지 않으며
무엇에도 흔들리지 않는 모든 깨달음은
외부에 있지 않고 오직 내면에 있나니
마음을 갈고 닦아 수행정진하여 부처의 마음을 이루어라'

내면을 향하는 기도와 수행을 통해
신을 만나 깨달음을 얻고
득도를 하여 도통을 이루고
하늘의 마음을 얻어 인간을 이롭게 하고
도탄에 빠져있는 백성들을 구하기 위한 기특한 생각으로
순수한 마음 한 자락을 가지고 보따리를 싸서
내면으로 향하는 수행자들이 넘쳐나고 있습니다.

내면으로 들어가서 기도와 수행을 하면

나는 곧 깨닫고 해탈이 될 거라고

그렇게 믿고 있으며

그렇게 알고 있는

그렇게 하고 있는

순진하면서 어리석은 사람들이 참 많습니다.

내면으로 향하는 시간이 오래된 사람일수록

고집이 황소처럼 강하고

남의 말을 듣지 않고

하고 싶은 말이 너무 많고

말이 통하지 않는 사람으로 살고 있는 경우가 많습니다.

내면으로 향하는 것도 어려울 뿐만 아니라

내면으로 들어가 명상이라도 하려고

가부좌를 틀고 앉아 있어 보면

온갖 망상이나 온갖 잡념이 떠오름을 경험하셨을 것입니다.

가부좌를 틀고

눈을 감고 의식을 한곳에 집중하면

오히려 평소에는 떠오르지 않던

부정적인 생각들이 올라오는 것을 경험하셨을 것입니다.

내면의 소리나

내면의 느낌이나

내면에서 느껴지는 형상을 가리켜

여시아문(如是我聞)의 세계라 합니다.

내가 마음의 눈으로 보고 있는 형상
내가 마음의 귀로 듣고 있는 소리
내가 제3의 눈으로 보는 빛 등은
모두 나의 의지로 보는 것이 아닙니다.
보이지 않는 세계에서
나의 내면을 통해 여시아문의 세계가 펼쳐지는 것입니다.

여시아문의 세계는
나는 이렇게 하늘이 보여주는 대로 보았으며
나는 이렇게 하늘이 들려주는 대로 들었다는 것입니다.
하늘이 왜 나에게 이런 소리를 들려주는지
하늘이 왜 나에게 이런 형상을 보여주는지
아무것도 모르는 채
무조건 하늘의 소리라고 믿고 있습니다.

내면의 소리를 보거나 듣고 나면
여시아문의 세계를 경험하면
정상적인 사고를 하지 못하고
자기 중심적인 사고에 갇히거나
내면의 소리에 심취하다 보면
내면의 소리에 지나치게 의존하게 됩니다.
짜장면을 먹을 건지
짬뽕을 먹을 건지도
내면의 소리를 주는 존재들에게
물어보고 결정하게 됩니다.

그렇게 하다 보면
내면의 소리를 주는 낮은 차원의 에너지체들에게
자신의 자유의지를 내어주고
그저 시키는 대로 그저 하라는 대로
그렇게 변해갑니다.

내면으로 향하다
내면에서 들려주는 소리를 듣고
내면에서 보여주는 형상을 보면
나도 모르게 자만과 교만이 생기고
그렇게 하다 보면
하늘이 나를 특별히 사랑한다고 믿게 됩니다.
예수님이 나를 특별히 사랑하여
부처님이 나를 특별히 사랑하여
창조주께서 나만을 특별히 사랑하여
내 이름을 불러주고
내 머리 위에 축복을 주고
나에게 사명을 주기 위해 오셨다고
그렇게 믿고 있으며 그렇게 행동하는 사람이 있습니다.

내 마음 한 자락이
온전히 내 마음이 아니라는 것을 인식하십시오.
내 생각 한 조각 내 감정 하나까지도
마음의 매트릭스를 구성하고 있는
에너지체들의 체를 통과해서 발현된다는 것을 인지하시기 바랍니다.

내면의 소리는

내 의식의 수준에서

내 경험의 범위 내에서

내 우주적 신분의 범위 내에서

나의 정화되지 않은 에고의 에너지체를 통해서

나의 욕심과 욕망의 체에 걸러져서

나는 이렇게 보았으며

나는 이렇게 들었다는 여시아문의 세계가

내면이라는 마음의 체를 통해 펼쳐지는 것입니다.

내 마음의 체를 통하여

내 의식의 체를 통하여

내 혼의식의 에고의 체를 통하여

하늘이 들려주는 소리를 듣게 되고

하늘이 보여주는 빛과 형상을 보게 됩니다.

의식의 각성없이

마음의 정화없이

하늘의 소리를 듣게 되면

내가 듣는 소리가 내 의식의 체에 의해

굴절되고 변형되고 왜곡되게 됩니다.

내가 듣고 있고 보고 있는 빛과 형상이

내 마음이라는 체에 걸려 오염된 채

왜곡된 소리와 형상을 내가 보고 듣게 되는 것입니다.

내가 보이지 않는
하늘의 세계를 보고 듣고 느낀다고 할 때
그것은 내가 보고 듣는 것이 아니라
하늘(가브리엘 영상팀)에서 보여주는 것을 보고
들려주는 것을 듣는 것입니다.
자신의 의식 수준에 맞는 영상을 보여주고
자신의 의식 수준에 맞는 소리를 들려주는 것입니다.

의식의 각성의 정도가 낮은 사람일수록
경험이 많지 않은 사람일수록
부정적인 에너지가 많은 사람일수록
내면의 소리의 진실도는 낮게 주어집니다.
감정체가 강하고
에고가 강한 사람들의 채널의 진실도는
평균적으로 50%가 되지 못합니다.

여시아문의 세계라
하늘의 소리를 듣는 자
모두 하늘의 소리가 아니라
당신의 무의식과 잠재의식에서 출발한
내면의 소리일 뿐입니다.

내면의 소리라고 다 내면의 소리가 아닙니다.
내면의 소리라고 다 하늘의 소리가 아닙니다.
내면의 소리라고 다 진실이 아닙니다.

내면의 소리라고 다 진리가 아닙니다.
내면의 소리를 듣고 싶으십니까?
내면의 소리를 듣고 있습니까?

보이지 않는 세계에서 왜 당신에게
소리를 들려주고
형상을 보여준다고 생각하십니까?

아직도 당신은 특별해서
나에게 이런 일이 일어나고 있다고 생각하십니까?
그렇게 생각한다면
당신은 아직 보이지 않는 세계의 첫 관문인
여시아문의 늪에 빠져있는
보이지 않는 세계에 대해
하늘이 일하는 방식에 대해
배워야 할 것이 많은
철이 덜 든 사람이며
하늘 무서운 줄 모르는 사람일 것입니다.

당신의 건승을 빕니다.

내면의 소리와 고장난 라디오

인간은 외부에서 들리는 백마디의 말보다는
자신의 내면에서 들리는 한마디의 말을 더 신뢰합니다.
인간은 외부에서 보고 듣는 사람의 말보다는
자신의 내면에서 들리는 에너지체(천사)들의 말을 더 믿습니다.
인간은 외부에서 보고 듣고 경험한 내용보다는
자신의 내면에서 보고 들은 경험을 더 믿는 경향이 강합니다.

인간이 자신의 내면의 소리를 한번 듣고 나면
이 체험은 너무나도 강력한 느낌으로 다가옵니다.
인간이 자신의 내면의 소리를 들을 때
에너지의 변화를 느끼게 되면
두려움과 함께 공포를 느끼게 됩니다.
인간이 내면에서 들리는 소리를 듣게 되면
강력한 마약을 투여한 것처럼
잊혀지지 않는 강한 경험으로 기억에 남게 됩니다.
인간이 자신의 내면의 소리의 강도가 크고
내면의 소리의 빈도가 많아질수록
형상을 뚜렷하게 보면 볼수록 두려움과 공포에 휩싸이게 됩니다.

인간이 자신의 내면에서 보고 듣는 모든 것을
여시아문의 세계라 합니다.

여시아문의 세계란

나는 내면에서 누군가가 들려주는 소리와

나는 내면에서 누군가가 보여주는 형상을

나는 이렇게 들었으며

나는 이렇게 보았다는 것입니다.

내면에서 누가 그것을 보여주고 있는지

내면에서 누가 그것을 들려주고 있는지를 물어보면

귀신이라고 또는 사탄과 악마라고 하는 사람들은 거의 없습니다.

대부분은 그 실체를 잘 알지 못하며

나에게 말을 걸고 나에게 말을 전해주는 누군가가 있다고 합니다.

대부분 막연하게 천사 또는 신이라고 알고 있습니다.

내면의 소리를 듣게 되면서 점차 익숙해지는 사람이 있는 반면

점점 감정 조절이 되지 않으며

남들이 알아듣지 못하는 말을 하기 시작하면서

일상 생활에 지장을 주기 시작하는 경우가 있습니다.

상황이 더 악화되어 정신이상이나 정신분열을 일으키기도 합니다.

여시아문의 세계가 시작이 되면

처음에는 외부에서 누군가가 나를 찾아와서

나를 괴롭힌다고 생각을 하다가

결국은 그 원인이 외부가 아닌

자신의 내면에 있다는 것을 인정하기까지

오랜 시간이 걸리는 경우도 있습니다.

내면에서 들려주는 소리와 형상을
오랜 시간 동안 보고 들을수록
내면에서 들려주는 존재들과
친해지고 친숙해지는 경우가 있습니다.

내면의 소리와 형상을 오래 보면 볼수록
여시아문의 세계에 오래 노출되면 될수록
자신의 경험적 판단이나 이성적 판단은 점점 줄어들게 됩니다.
내면의 소리와 형상에 의존하면 의존할수록
인간의 자유의지는 점점 더 축소됩니다.
내면의 소리와 형상에 자신의 의식을 빼앗기게 되고
지배당하는 줄 모르고 시키는 대로 행동하게 됩니다.

내면의 에너지체들과 친숙해질수록
어떤 행동이나 어떤 판단을 하기 전에
자신에게 말을 걸어주고 자신의 말을 들어주는 존재에게
의존하는 경향이 나타나게 됩니다.
짜장면을 먹을건지 짬뽕을 먹을건지도
물어보고 결정을 하게 됩니다.
자신이 먹을 음식보다는 결국은 내면의 소리를 들려주는 존재가
먹고 싶은 음식을 먹게 됩니다.
머리를 깎을 때도 5센치를 자를지 10센치를 자를지
물어보고 결정하게 됩니다.
집에 가는 길도 학교 가는 길도 어디를 거쳐 어디로 가야 하는지
물어보고 가게 됩니다.

로또 복권을 사며 번호를 알려달라고 하기도 하며
자신이 하는 대부분의 행동을
물어보고 결정을 하게 됩니다.
여시아문의 세계에 오래 노출될수록
인간의 자유의지는 점점 더 축소가 됩니다.

대부분의 내면의 소리는 일시적으로
들렸다 사라지는 것이 일반적입니다.
내면의 소리는 자신의 상위자아나 본영에 의해
프로그램되어 진행됩니다.
자신의 본영이나 상위자아에 의해
단발적으로 진행되는 내면의 소리는
무언가 알려주거나 전달해 줄 메시지가 있을 때 진행됩니다.
내면의 소리를 듣는 아바타가
본영이나 상위자아의 의도를 알아차리고
어떤 선택이나 판단이 이루어지고 나면
대부분 모든 상황이 종료됩니다.

내면의 소리를 통해
본영과 상위자아는
아바타가 상황에 대해 알아채고 눈치챌 수 있도록
안내자와 가이드의 역할을 하는 것이
우주의 보편적인 법칙입니다.
내면의 소리는 이렇게 한번 들리다 끊어지게 되면
다시 듣고 싶어도 들을 수 없는 것이 일반적인 경우에 해당됩니다.

본영과 상위자아라 할지라도
아바타에게 함부로 내면의 소리나 형상을 보여줄 수 없도록
하늘의 관리자들이 엄격하게 관리하고 있습니다.
내면의 소리를 듣게 한다는 것은
인간의 자유의지를 심각하게 침범하는 것입니다.
내면의 소리나 형상을 통해
본영이나 상위자아가 안내를 할 경우에는
아바타의 자유의지를 심각하게 침범하지 않는 범위에서 실행하도록
우주의 법칙으로 엄격하게 보호하는 것이
여시아문의 세계의 일반적인 법칙입니다.

빛의 일꾼의 의식을 깨우기 위해
하늘 사람들의 의식을 깨우기 위해
보이지 않는 세계가 있다는 것을 알려주기 위해
빛의 일꾼을 깨우고
빛의 일꾼을 소집하기 위해
하늘이 일하는 방식에 의해
프로그램이 일시적으로 작용이 될 때를
하늘의 황금나팔 소리라고 합니다.
하늘의 황금나팔 소리는
인간의 자유의지를 심각하게 침범하지 않으며
아바타가 알아채고 눈치채고 나면 내면의 소리와 형상은 멈추고
다시 듣고 싶어도 듣지 못하게 됩니다.
이것이 내면의 소리를 통한 상위자아 티칭이라고 하며
하늘의 황금나팔 소리라고 합니다.

내면의 소리가 멈추지 않고
수년 또는 수십년간 지속이 되면서
인간의 자유의지가 점점 더 축소가 되는 경우가 있습니다.
내면의 소리의 강도가 강해지면서
정신이상이 오거나
정신분열이 오거나
척신난동을 일으키기도 하며
폭력성까지 나타나기도 합니다.
이렇게 여시아문의 세계가 오랫동안 지속되는 것은
상위자아 티칭이나
하늘의 황금나팔 소리가 아닙니다.

인간의 자유의지를 축소시키고
인간의 정신을 분열시키고
인간이 정상적인 사회생활을 하지 못하도록
감정체의 혼란이 생기거나
조울증과 우울증을 동반하는
내면에서 들리는 소리들과 내면의 느낌들은
그 영혼의 이번 생의 프로그램(팔자=숙명)이
진행되고 있는 것입니다.
누구도 막을 수 없으며
이번 생에 그 영혼이 반드시 겪어야 하는 삶의 프로그램이며
이 경험을 통해 자신의 카르마를 해소하는 과정이
진행되고 있는 것입니다.

여시아문의 세계를 통해

정신분열이 오고

감정조절이 되지 않거나

남이 알아들을 수 없는 혼자만의 소리를 지속적으로 하고

남의 말을 듣지 않으며

자기중심적인 말과 행동을 하고

폭력적인 행동을 하거나

정신을 잃고 난동을 부리는 것은

카르마를 해소하기 위한 과정입니다.

하늘의 에너지체들에 의해

정신이 잠식되거나

카르마 에너지장에 의해

뇌 기능에 이상이 생기면서 발생하는

보이지 않는 세계에서의 프로그램이 시작된 것입니다.

이렇게 멈추지 않고

내면에서 들려주는 소리를 환청으로 듣고

내면에서 보여주는 형상을 환시로 보면서

상황에 맞지 않는 행동이나 말을 지속적으로 하고 있을 때를

고장난 라디오 소리라고 합니다.

내면의 소리와 하늘의 소리

내면의 소리는 하늘의 소리입니다.
내면의 소리는 여시아문의 세계입니다.
내면의 소리는 보이지 않는 세계의 소리입니다.
내면의 소리는 상위자아와 본영의 소리입니다.
내면의 소리는 하늘의 소리입니다.
내면의 소리는 천사의 소리입니다.
내면의 소리는 사탄의 소리입니다.
내면의 소리는 귀신의 소리입니다.
내면의 소리는 악마의 소리입니다.

인류는 내면에서 들려주는 소리만 들을 줄 알았지
그 소리를 들려주고 있는 보이지 않는 세계에 대해서는
아무것도 모르고 있습니다.
인류는 내면에서 들려주는 형상을 볼 줄만 알았지
그 형상을 보여주고 있는 하늘의 실체에 대해서는
아무것도 모르고 있습니다.

내면의 소리는 여시아문의 세계입니다.
내면의 소리를 들려주고 있는 존재를 모르면서
자신이 듣고 있는 소리가 하늘의 소리라고 인식하는 순간
아무도 알 수 없는 판도라의 상자를 열게 되는 것입니다.

내면의 소리를 들려주고 있는 하늘의 실체를 모르면서
자신이 보고 있고 듣고 있는 소리가
하늘의 소리라고 생각하는 순간
여시아문의 깊은 수렁에 빠지고 있다는 것을 모르고 있습니다.
내면의 소리를 들려주고 있는 하늘의 진짜 의도를 모르면서
자신의 의식의 눈높이에서 이해하고 해석하면서
혼란과 혼돈의 세계에
자신도 모르는 사이에 빠져들게 됩니다.

내면의 소리는 양날의 칼입니다.
내면의 소리가 하늘의 소리가 될지
고장난 라디오 소리가 되어 자신을 파멸시킬지는
아무도 알 수 없습니다.
내면의 소리는 모두 하늘의 소리입니다.
내면의 소리는 하늘이 당신에게 어떤 목적을 가지고 접근한
판도라의 상자인 동시에
자신을 벨 수도 있는 칼이며
타인을 벨 수도 있는 양날의 칼입니다.

내면의 소리가 긍정적으로 작용할 땐
하늘의 소리가 됩니다.
내면의 소리가 긍정적으로 작용할 땐
상위자아와 본영이 주는 아바타를 위한 사랑입니다.
내면의 소리가 긍정적으로 작용할 땐
알아챔과 눈치챔을 통한 의식의 확장이 일어나게 됩니다.

내면의 소리가 긍정적으로 작용할 땐
인생의 변곡점에서 제자리를 찾아가는
인생의 방향성을 찾아가는 중요한 이정표가 됩니다.
내면의 소리가 긍정적으로 작용할 땐
하늘의 소리를 전하는 사명자와 선지자로서의 역할을 하게 합니다.

내면의 소리가 고장난 라디오 소리가 될 때
인간의 자유의지는 축소가 됩니다.
내면의 소리가 고장난 라디오 소리가 될 때는
세상과 분리되어 혼자만의 세상에서 살아야 합니다.
내면의 소리가 고장난 라디오 소리가 될 때는
정신이상과 정신분열로 인하여
일상적인 삶을 살기가 어려워집니다.
내면의 소리가 고장난 라디오 소리가 될 때는
아무도 알아주지 않는
혼자만의 고독과 외로움 속에서 삶을 살아가야 합니다.

내면의 소리는 모두 하늘의 소리입니다.
고장난 라디오 소리를 들려주는 것도 하늘이며
진짜 하늘의 소리를 들려주는 것도 하늘입니다.
고장난 라디오 소리를 듣고 사는 사람들의 삶 또한
우연을 가장한 필연의 삶을 살고 있는 것입니다.
하늘은 내면의 소리를 통하여
고장난 라디오 소리를 일부러 들려주며
고장난 삶을 살게 합니다.

하늘은 고장난 내면의 라디오 소리를 통하여

당신과 세상을 분리하면서

감정체의 혼란과 의식의 분열을 통해

가장 혹독한 삶의 경험을 통해

삶속에서 자신의 카르마를 해소하는

하늘의 프로그램을 작동시키고 있습니다.

이것을 여시아문의 세계를 통한

카르마 해소의 법칙이라고 합니다.

이것을 고장난 라디오 소리를 통한

정신이상과 정신분열이라고 합니다.

이것을 내면의 소리를 통한 판도라의 상자라고 합니다.

인류는 하늘의 소리를 듣기 위해

내면으로 향하는 수행을 하기 시작하였습니다.

인류는 하늘이 보여주는 빛과 형상을 보기 위해

내면으로 향하는 기도를 하기 시작하였습니다.

하늘의 소리를 듣기 위해

하늘의 빛과 형상을 보기 위해

기도와 수행의 매트릭스를 창조하였습니다.

하늘의 큰 소리를 듣기 위해

신의 음성을 듣기 위해

신의 은총을 받기 위해

신을 만나기 위해

내면으로 향하기 위해

마음의 보따리를 싸서
속세를 떠나는 수행자들이 넘쳐나고 있습니다.

인류는 깨달음의 징표로서
하늘의 소리를 듣기를 원합니다.
인류는 신이 나만을 특별히 사랑한다는 증표로서
하늘이 보여주는 빛과 형상을 보기를 원합니다.
하늘의 마음을 얻기 위해
하늘의 마음을 움직이기 위해
하늘의 은총을 받기 위해
기도와 수행 중에 하늘의 소리를 듣고
하늘의 빛과 형상을 보기를 원하는 사람이 참 많습니다.

보이지 않는 세계에 대해
아무것도 알지 못하는 인류는
내면의 소리에 속수무책일 수밖에 없습니다.
내면의 소리를 다 하늘의 소리라고 믿고 있는
인류의 의식 수준으로는
이것이 하늘의 소리인지
고장난 라디오 소리인지를 구분한다는 것은 불가능한 일입니다.

내면의 소리를 들려주고 있는
하늘의 의도를 알지 못하는 한
내면의 소리를 들려주고 있는
하늘이 일하는 방식을 모르는 한

굿을 하고 정신병원에 감금하고
이상한 사람이라고 손가락질을 하는 것 외에는
해줄 수 있는 일이 아무것도 없을 것입니다.

보이지 않는 세계가 있다는 것을 모르기에
하늘이 있다는 것을 모르기에
하늘이 에너지체들을 어떻게 움직이는지
아무것도 모르기에
내면의 소리를 통한 여시아문의 세계와
고장난 라디오 소리를 통한 여시아문의 세계에 대해
인류는 속수무책일 수밖에 없습니다.

내면의 소리와 차원의 문

내면의 소리를 듣는 사람의 유형은 다양합니다.
내면의 소리를 듣는 사람들 중에는
자신이 듣는 내면의 소리가
고장난 라디오 소리인지 분별하지 못하고
진짜 하늘의 소리라고 믿는 사람들이 많습니다.
자신이 보고 듣는 형상과 소리에 대한
어떤 분별력 없이
들리는 대로 믿고
보이는 대로 믿는 사람들이 많습니다.

내가 예수님을 부르면 예수님이 오고
내가 부처님을 부르면 부처님이 나오고
내가 공자님을 부르면 공자님이 나에게 나타나 말씀을 주신다고
진짜로 그렇게 믿고 있는 사람이 있습니다.

내가 누군가를 만나고 싶다고 하면
내가 원하는 모든 존재들이 나타나서
나에게 친절하게 메시지를 주고 있다고
나에게 그런 영적인 능력이 있다고
진짜 그렇게 믿고 있으며
진짜 그렇게 행동하는 사람이 있습니다.

자신이 창조주라고 들었다고
자신이 창조주라고 믿는 사람이 있으며
자신의 우주적 신분이 예수님이라고 들었다고
자신이 진짜 예수님이라고 믿고 있으며
자신이 진짜 예수님처럼 행동하는 사람이 있습니다.
자신의 우주적 신분이 부처님이라고 들었다고
자신이 진짜 부처님이라고 믿고 있으며
자신이 부처님처럼 행동하는 사람이 있습니다.

자신의 우주적 신분이 창조주라고 들었다고
자신이 진짜 창조주라고 믿고 있으며
자신이 우데카 팀장을 땅에 보냈으며
우데카 팀장에게 사명을 주겠다고
창조주의 명으로 사명을 주겠다고
우데카 팀장을 찾아오시는 분도 참 많습니다.

자신의 우주적 신분을 내면의 소리를 통해 듣고
빛의 생명나무를 접수하겠다고
실제로 찾아오시는 분들도 있습니다.
자신의 우주적 신분을 내면의 소리를 통해 듣고
자신의 우주적 신분을 우데카 팀장이 몰라본다고
우데카는 가짜라고 하는 사람들이 많아도 너무 많습니다.

내면의 소리라고 다 내면의 소리가 아닙니다.
내면의 소리라고 다 하늘의 소리가 아닙니다.

자신이 보고 듣고 있는 내면의 소리들은

당신의 영혼의 진화 여정에서 꼭 필요하기 때문에

당신이 지금 그런 내면의 소리를 듣고 있는 것이지

당신의 우주적 신분이 높아서가 아닙니다.

당신이 어떤 내면의 소리를 듣고 있다면

그것은 당신의 영혼의 진화 과정에서

보이지 않는 세계에 대한 공부가 필요해서

내면의 소리를 듣고 있는 것입니다.

당신의 영혼을 하늘이 특별히 사랑해서

내면의 소리를 듣는 것이 아닙니다.

하늘이 당신의 기도와 수행의 댓가로 주는 은혜와 은총으로

당신이 내면의 소리를 듣는 것이 아닙니다.

보이지 않는 세계의 공부가 필요하거나

고장난 라디오 소리를 통해

풀어야 할 카르마가 있기 때문에

당신은 지금 내면의 소리를 듣고 있을 뿐입니다.

자신의 우주적 신분을 벗어나는

자신의 우주적 신분보다 높은 존재를

내면의 소리나 형상으로 만날 수 없는 것이

우주의 법칙입니다.

자신의 우주적 신분을 벗어나는

우주의 차원의 문은

내면의 소리와 채널의 형태로 결코 열리지 않는 것이

우주의 법칙입니다.

자신의 우주적 신분을 벗어나는
우주의 차원의 벽은
내면의 소리로 채널의 형태로 결코 넘을 수 없는 것이
우주의 법칙입니다.

내가 창조주를 부르면 창조주가 오시고
내가 예수님을 부르면 예수님이 오시고
내가 부처님을 부르면 부처님이 나를 만나러 오시는 일은
이 우주에서 일어나지 않으며
단 한번도 일어난 일이 없습니다.

당신이 창조주를 꿈에서 만나 은총을 받고
당신이 예수님을 만나 말씀을 듣고
당신이 부처님을 만나 말씀을 듣고
당신이 죽은 조상을 만나 말씀을 듣고
당신이 죽은 누군가를 만나는 꿈을 꾸었다면
그것은 실제로 일어난 것이 아니라
하늘의 천상정부 소속 가브리엘 영상팀이
홀로그램(hologram)을 통해
당신에게 어떤 메시지를 전한 것입니다.

보이지 않는 세계에 대해
아무것도 모르는 당신이
하늘의 에너지체들이 일하는 방식에 대해
아무것도 모르는 철없는 당신을 위해

자신의 내면의 소리나 형상을 통해
자신이 창조주라고 믿고 있는 철없는 당신을 위해
우데카 팀장이 이 글을 남깁니다.

우주에서 그런 일은 일어나지 않으며
우주에서 그런 일은 일어날 수 없다는 것을 전합니다.
귀신의 말과 천사의 말을 구분하시기 바랍니다.
하늘의 에너지체들은
당신의 의식의 눈높이에서
당신의 욕망과 욕심을 들여다보며
일부러 고장난 라디오 소리를 들려주고 있음을
인지하시기 바랍니다.

당신이 만난 창조주는 진짜가 아니며
하늘이 당신을 위해 준비한 홀로그램이며
하늘이 당신의 분별력을 위해 준비한
여시아문의 메시지일 뿐입니다.
당신이 만난 예수님은 진짜가 아니며
당신을 특별히 사랑해서 나타난 것이 아니라
당신의 의식의 전환과 의식의 확장을 위해
당신의 의식의 눈높이에서
하늘의 가브리엘 영상팀에서 사전에 제작되어
예수님이라는 홀로그램을 사용해서
당신에게 나타난 것입니다.

보이지 않는 세계에 대해
아무것도 모르는 인류를 위해
하늘을 오랫동안 상대해본 우데카 팀장이
하늘의 실체를 전합니다.
하늘의 맨얼굴을 오랫동안 상대해본
우데카 팀장이 하늘의 실체를 전합니다.

고장난 라디오 소리를
하늘의 소리라고 착각하는
하늘이 일하는 방식에 대해
아무것도 모르는 당신을 위해
이 글을 기록으로 남깁니다.

내면의 소리와 척신난동

내면의 소리는
많은 사람들에게는 긍정적으로 작용합니다.
내면의 소리는
소리로도 직접 들리기도 하지만
느낌의 형태로
어떤 생각이나 감정이 지속적으로 사라지지 않고
떠오르는 형태로 나타나기도 합니다.

내면의 소리나 느낌을 통해
상위자아와 본영의 안내를 지속적으로 받고 있습니다.
내면의 소리나 느낌을 통해
하늘은 인간의 삶에 관여하고 있습니다.
내면의 소리나 느낌을 통해
하늘의 에너지체들은
인간의 감정에 영향을 미치고 있으며
인간의 의식의 흐름에 영향을 미치고 있습니다.
내면의 소리나 느낌을 통해
하늘과 인간은 연결되어 있으며
아무도 모르게
아무도 모르게
하늘은 인간의 삶에 관여하고 있습니다.

보이지 않는 세계에서

보이지 않는 손으로 작용하던 하늘이

드러내놓고

에너지체들을 이용하여

인간에게 하늘의 소리를 들려주고

인간에게 하늘의 빛과 형상을 들려줄 때는

반드시 그만한 이유가 있기 때문입니다.

내면에서 들리는 소리가

옆에서 들려주는 사람의 이야기처럼 들리고

내면을 통해 보는 빛과 형상이

텔레비전 화면처럼 또렷하게 보여줄 때는

반드시 그만한 이유가 있기 때문에 일어나고 있는 것입니다.

내면의 소리는 듣고 싶다고 들을 수 있는 것이 아닙니다.

내면의 소리는 기도와 수행을 한다고 해서

반드시 들을 수 있는 것도 아닙니다.

내면의 소리를 평생 동안에 한번도 들어보지 못하고 사는 사람이

내면의 소리를 듣는 사람보다 훨씬 더 많습니다.

내면의 소리를 수십년간 보고 들으면서

일상 생활을 하는데 큰 지장없이 사는 사람도 있습니다.

내면의 소리를 보고 들으면서

아무도 모르게

아무도 모르게

살고 있는 사람 역시 많이 있습니다.

내면의 소리나 느낌을 듣고
고장난 라디오처럼
남들이 이해하지 못하는 이야기를 혼자 이야기하면서
상황에 맞지 않는 말과 행동을 하는 사람들이
점차로 증가되고 있습니다.

지구 행성의 차원상승이 본격화됨에 따라
이유도 없이
원인도 없이
내면의 소리를 듣고
자신이 보고 들은 소리와 형상들을
주변에 이야기하면서 문제를 일으키는 사례가
앞으로 증가하게 될 것입니다.

내면의 소리를 듣고
보이지 않는 세계의 소리를 듣는 사람이
급증하게 될 것입니다.
천사들의 소리를 들었다고
하늘의 소리를 들었다고
사람이 죽는 것을 보았다고
지진과 해일이 일어나는 것을 보았다고
하늘이 보여주는 형상을 보고
하늘이 들려주는 소리를 들었다고
말하는 사람들이 늘어나게 될 것입니다.

너도 나도 하늘의 소리를 들었다고

알 수 없는 소리를 하고

알 수 없는 말을 하는 사람들이 급증하게 될 것입니다.

너도 나도 하늘의 소리를 들었다고 하면서

폭력적인 행동을 동반하거나

감정체의 혼란과 혼돈으로

예측할 수 없는 행동들을 하는 사람이 늘어나게 될 것입니다.

이것을 마지막 때에

하늘에 의해 준비된 척신난동이라고 합니다.

내면의 소리나 형상을 보고

나는 이렇게 보았으며

나는 이렇게 들었다는

여시아문의 세계를 통해

자신의 카르마를 해소하기 위해

하늘에 의해 준비된 것이 척신난동입니다.

하늘의 에너지체들이 펼쳐놓은 에너지장에 인간이 노출되면서

부정적인 에너지를 폭력적으로 방출하거나

감정과 의식의 분열을 통해

정신이상이나 정신분열 등이

전 사회에 걸쳐

전 계층에 걸쳐

남녀노소 가릴 것 없이 나타날 때를

척신난동이라 합니다.

하늘의 에너지체들이 펼쳐놓은 에너지장에 의해

상황에 맞지 않는 행동을 하거나

상황에 맞지 않게 자꾸 웃으면서

상황에 맞지 않는 말을 지속적으로 하는 사람들이

쓰나미처럼 증가할 때를

에너지체들의 에너지 작용에 의한 척신난동이라고 합니다.

마지막 때에

아마겟돈을 형성하는 모습 중에

하늘의 에너지체들의 에너지장에

인간의 감정이나 의식이 영향을 받아

인간의 자유의지가 축소되고

인간의 말이나 행동 등을 예측할 수 없으며

집단적으로 이상행동으로 나타날 때를 척신난동이라고 합니다.

하늘에 의해

척신난동이 준비되어 있음을 전합니다.

하늘을 잃어버린 인류가

잃어버린 하늘을 찾아가는

아프고 아픈 과정이 시작될 것입니다.

하늘을 잃어버린 인류에게

잃어버린 하늘을 찾아주기 위한

하늘의 프로그램으로 준비된 것이

척신난동이 갖는 우주적 의미입니다.

영적 능력을 가진 사람들의 특성

수행을 통하여
깨달음을 얻어
세상을 이롭게 하겠다는 수행자들이 많습니다.

수행을 통하여
깨달음을 얻어
윤회의 고리를 끊어 보겠다고
애쓰는 수행자들 또한 많습니다.

하늘의 마음을 얻기 위해
기도와 수행에 정진을 하기도 하며
하늘의 뜻을 얻기 위해
도통을 받기 위해
영적인 능력을 얻기 위해
마음을 다하고 정성을 다해
기도와 수행을 하는 수행자들이 많습니다.

많은 사람들이
기도와 수행만이
영적인 능력을 얻는 유일한 방법이라
믿고 있습니다.

많은 사람들이
도통을 얻기 위해서
하늘의 뜻을 받기 위해서
육식을 삼가고
채식과 생식을 하며
엄격한 금욕 생활을 하기도 합니다.

하늘의 도를 얻기 위해
남이 해주는 음식을 먹으면서
촌각을 아끼고 아껴가며
기도를 하고
절을 하고
주문(경)을 외우면서
하늘에 대한 믿음을 키워
수행의 시간과 기도의 시간을 늘려갑니다.

깨달음이 무엇인지
진리가 무엇인지에 대한 성찰없이
자신의 의식 수준에서
자신의 생각의 수준에서
밥 먹고 기도하고
밥 먹고 수행하기를
최고의 신념으로 여기며
매 순간 수행과 기도에 정성을 다하고 있는
수행자들이 참 많이 있습니다.

그러거나 말거나

땅의 시간이 가듯

기도와 수행을 하는 수행자들에게

하늘의 침묵의 시간 또한 함께 흐르고 있습니다.

영적인 능력이 주어지기 위해

영적인 능력을 갖기 위해

인간이 꼭 해야 하는 것은 아무것도 없습니다.

인간이 할 수 있는 것 또한 아무것도 없습니다.

인류의 의식의 눈높이에서

종교의 매트릭스 속에서 형성된

기도와 수행의 문화를 통해서

인간은 영적인 능력을 얻을 수 없습니다.

영적인 능력을 갖기 위해

신통한 능력을 얻기 위해

인간이 할 수 있는 일은

매 순간 최선을 다해 기도와 수행에 전념하는 것밖에는

다른 방법이 없다고 그렇게 사람들은 믿고 있습니다.

기도할 시간이 모자라서

수행하는데 정성이 부족해서

깨닫지 못하고 있다고

그렇게 자신을 위로하며

기도와 수행에 전념을 다해야 한다고

그렇게 믿고 있는 것이

종교가 형성해 놓은 강력한 매트릭스입니다.

영적인 능력을 얻기 위해

도통을 얻기 위해

하늘의 마음을 얻기 위해

하늘의 뜻을 얻어

세상을 구제하기 위해

인간이 해야 하는 일은 아무것도 없습니다.

일어날 일은 일어나게 되어 있으며

떠나갈 사람은 떠나게 되어 있으며

깨어날 사람은 깨어나게 되어 있으며

하늘의 일을 할 사람은

이미 예정되어 있으며

이미 결정되어 있다는 것입니다.

하늘 일은 내가 하고 싶다고 하고

내가 하기 싫다고 그만둘 수 있는 것이 아닙니다.

하늘 일은 기도를 한다고 할 수 있는 것이 아닙니다.

하늘 일은 수행을 통해 얻을 수 있는 자리가 아닙니다.

하늘 일은 하늘 일을 하기로 예정된 사람이

그때가 되어

번데기가 우화가 되어 곤충이 되듯

그렇게 그렇게 깨어나는 것입니다.

영적인 능력이 있는 사람들에게는

다음과 같은 보이지 않는 세계에서의 복잡한 절차들이

준비되어져야 합니다.

영적인 능력이 부여되는 사람들은
영혼의 프로그램(팔자)에 그러한 내용이 있어야 합니다.
영혼의 프로그램에
영적인 능력을 쓰고
영적인 능력을 통해 하늘의 일을 해야 하는 사람에게만
영적인 능력이 주어지는 것입니다.

영적인 능력이 주어지는 사람에게도
그 영혼의 우주적 신분을 벗어나는 우주의 정보는
단 하나의 메시지도 수신할 수 없습니다.
자신의 우주적 신분의 범위 내에서
자신에게 허용된 영적인 능력만을 사용할 수 있습니다.
영적인 능력이 주어지는 사람에게는
영적인 능력이 발현될 수 있도록 하는
무형의 기계장치들이 설치되어야 합니다.

영적인 능력은 마법의 지팡이가 아닙니다.
영적인 능력은 흔들고 주문을 하면 바로 실현되는
도깨비 방망이가 아닙니다.
영적인 능력이 그 사람을 통하여 펼쳐지기 위해서는
보이지 않는 세계에서 먼저
많은 것들이 준비되어져야 합니다.

치료 능력을 펼치기 위해서는
차크라가 열려야 하며

하늘의 의사인 라파엘 그룹의 천사들이
10여명이 배속되어 도움을 주고 있기 때문에
당신이 이적과 기적을 행할 수 있는 것입니다.
당신은 환자를 돈벌이의 수단으로 보고 치료를 하지만
당신에게 배속된 하늘의 천사들은
당신의 손보다 먼저
환자의 몸에 있는 막혀있는 경락들을 열어주고
배수혈을 열어 사기를 방출하고
문제가 있는 오장 육부에
하늘의 빛을 공급하여 치유를 시작합니다.
모든 것은 치유자의 공이나 실력으로 인정받지만
하늘의 에너지체들은
당신을 통해 의료 매트릭스를
유지하고 관리하고 있을 뿐입니다.

사람의 몸을 치유하기 위해 공급되는
치유의 빛을 생산하고
치유의 빛을 저장하고
치유의 빛을 방사하는
무형의 기계장치를 통한 지원이 있어야 합니다.
인간은 약을 써서 질병을 치료합니다.
인간은 수술을 통해 질병을 치료합니다.
하늘은 약이나 수술의 방법으로
사람을 치료하지 않습니다.
하늘은 오직 하늘의 빛으로 치료할 뿐입니다.

하늘의 빛을 당신이 자유롭게 쓸 수 있도록
무형의 기계장치들을 통한 지원과
하늘의 천사님들의 희생과 봉사가 있어야 가능한 것입니다.
이것이 인류의 의식 수준으로
의통(醫統)을 받았다는 것의 실체인 것입니다.

외부의 기감을 잘 느끼고
몸에서 일어나는 기감을 잘 느끼기 위해서는
생명회로도에서 감각 세포들의 센서값들을
예민하게(높게) 셋팅을 해야
타인이 느끼지 못하는 미세한 감각들을 잘 느낄 수 있습니다.
자신의 몸에 흐르는 경락을 몸으로 느끼거나
타인의 몸에 흐르는 경락을 몸으로 느끼기 위해서는
보이지 않는 무형의 기계장치가
일반인보다 10배 이상 설치가 되어야 합니다.
피부의 감각세포나 감각신경을 지원하는 무형의 기계장치들이
경락을 따라 혹은 장부에
일반인보다 더 많은 무형의 기계장치들이 설치가 되고
정상적으로 운영이 되어야
경락의 흐름을 몸으로 느낄 수 있는 것입니다.

기감이 좋고
경락의 흐름을 느낄 수 있는 사람에게
하늘이 당신의 특별한 영적 능력을 위해
얼마나 많은 에너지를 쓰고 있는지

얼마나 많은 무형의 기계장치들이
보이지 않는 손이 되어 움직이고 있는지 아십니까?
우연은 없으며
당신이 특별해서도 아니고
당신의 기도와 수행의 결과물도 아닌
당신이 태어날 때 하늘과 당신의 영혼 사이에
그렇게 하기로 약속한 것을
하늘이 집행하고 있을 뿐입니다.

당신이 직관력이 뛰어나고
배우지 않아도 그냥 아는 것 같고
강의를 준비하지 않아도 가르치는데 어려움이 없으며
복잡해 보이고 어렵게 보이는 것도 쉽게 느껴지고
아는 것처럼 느껴지고 익숙하게 느껴진다면
당신의 직관력은 일반인보다 높은 수준의
영적 능력을 가지고 있는 것입니다.

그냥 안다는 것은
직관의 세계이며
마음의 세계이며
상징의 세계입니다.
이 능력을 당신에게 주기 위해
하늘은 당신이 의식을 구현하는데 장애물이 되는
무의식과 잠재의식과 현재의식에 있는
불필요한 에너지들을 깔끔하게 정리해주고 있는 것입니다.

당신이 사물의 본질을 꿰뚫어 볼 수 있도록
독맥에 있는 의식선을 활성화시켜야 했으며
당신의 뇌가 많은 정보를 빠르게 처리할 수 있도록
뇌의 무형의 기계장치들의 연산 속도를 향상시켜 놓아야 했습니다.
당신이 복잡하고 난해한 것들을 구조화하여
모델링을 잘할 수 있도록
정확하고 빠른 분석력이 나올 수 있도록
당신의 의식을 구현하는 메타 의식구현 시스템의 성능을
일반인보다 10배 이상 높여서
당신이 남들이 갖지 못한
영적인 능력을 펼칠 수 있는 것입니다.

당신이 빛을 보고
천사들을 보고
귀신 하나를 보고
어둠의 천사(사탄)를 보기 위해서는
빛의 형상 하나를 보기 위해서는
빛을 모으는 무형의 안테나가 설치가 되어야 하고
빛을 해석하는 무형의 해독기가
복부에 설치되어야 합니다.

하늘의 소리를 듣고
내면의 소리를 듣고
귀신의 소리를 듣고
천사의 소리를 듣기 위해서는

소리를 듣기 위한
무형의 안테나가 설치되어야 하고
소리를 해석하여 뇌로 보내는 해독기가
정상적으로 작동이 되어야 가능한 것입니다.

당신이 빛을 보고
당신이 빛의 형상(홀로그램)을 보고
당신이 내면의 소리를 듣고
당신이 하늘의 에너지체들의 소리를 듣는다면
당신이 천사나 귀신의 소리를 듣고 있다면
당신에게는 이미 정교한 무형의 기계장치들이
하늘에 의해 설치되어 운영되고 있다는 것을
눈치채고 알아채시기 바랍니다.
우연히 일어나는 일은 없으며
당신에게 일어날 일이 우연을 가장하여
일어나고 있는 것입니다.

당신에게 어느날 갑자기 영적 능력이 생겼다면
하늘이 당신을 특별히 사랑해서 일어난 일이 아니라는 것입니다.
겉으로 보면
하늘이 내 기도를 들어주어서 생긴 것처럼 보이고
수행의 댓가로
영적인 능력이 생긴 것처럼 보일 뿐입니다.
하늘이 당신의 기도와 수행의 댓가로
당신에게 영적인 능력이 생긴 것이 아닙니다.

우연을 가장하여
당신이 그렇게 믿도록 하는 것이
하늘이 일하는 방식이며
당신의 자만과 교만이 작동하는 방식입니다.

당신이 어느날 갑자기 영적인 능력이 생겼다면
당신에게 일어날 일이 일어난 것일 뿐입니다.
보이지 않는 세계에 대해
아무것도 모르는 당신이
보이지 않는 세계에 대해
아무것도 알려고 하지 않는 당신이
이룰 수 있는 것은 많지 않을 것이며
자기의 그릇만큼만 채울 수 있을 뿐입니다.
보이지 않는 세계에 대해
아무것도 모르는 당신이 열 수 있는 하늘문은
넓지도 않으며
많지도 않을 것입니다.

당신이 영적인 능력을 가졌다면
당신은 보이지 않는 세계에 이제 겨우 입문한
어린아이와도 같습니다.
내가 보고
내가 듣고
내가 느낀 것은
내가 원해서 보고 들은 것이 아니라

하늘에서
보이지 않는 세계에서
그들이 보여주고 싶고
그들이 들려주고 싶은 것을
당신은 지금 보고 듣고 느끼고 있다는 것을
명심하시기 바랍니다.

여시아문의 세계에서
당신은 영원한 을이며
당신은 한 순간도 갑이 될 수 없음을
받아들이시기 바랍니다.

당신의 건승을 빕니다.

보이지 않는 세계에 대한 정리

내가 귀신을 보는 것이 아니라
하늘이 귀신을 보여주는 것입니다.

내가 천사를 보는 것이 아니라
하늘이 천사를 보여주는 것입니다.

내가 보고 싶은 것을 보는 것이 아니라
하늘이 보여주는 것을 보고 있는 것입니다.

내가 보고 있는 것처럼 보이지만
하늘이 보여주는 것만을 보고 있는 것입니다.

내가 하늘의 소리를 듣는 것이 아니라
하늘이 들려주는 소리만을 듣고 있는 것입니다.

내가 몸을 통해 잘 느끼는 것이 아니라
하늘이 몸의 감각기능을 조절하여
잘 느끼게 해주는 것입니다.

내가 꿈을 꾸는 것이 아니라
하늘이 꿈을 꾸게 해주는 것입니다.

내가 꿈에서 무엇을 보는 것처럼 보이지만
하늘이 꿈을 통해 보여주는 것입니다.

내가 꿈에서 무엇을 보고 듣는 것처럼 보이지만
하늘에서 당신에게 메시지를
당신의 의식수준에 맞추어
당신 인생의 경험속의 기억에 맞추어
꿈을 가장하여 전달하고 있는 것입니다.

내가 기도 중에 예수님이 나를 찾아왔다면
진짜로 예수님이 나를 찾아온 것이 아니라
하늘이 예수님의 형상을 홀로그램으로
보여준 것입니다.

네바돈 우주(우리 은하)의 창조주이신 예수님께서
3차원 물질 체험을 하고 있는 당신만을
특별히 사랑해서 방문하는 일은
이 우주에서 일어나지 않으며
일어날 수도 없습니다.

내가 기도와 수행 중에 부처님을 만났다면
부처님이 나를 찾아온 것이 아니라
하늘이 홀로그램(당신의 의식수준에 맞춰 제작된 가짜영상)을 통해
부처님을 보여준 것입니다.

당신이 영적인 능력으로 누군가를 치유했다면
겉으로 보면 현실에서는
당신의 영적인 능력으로 치유된 것처럼 보이지만
실제로 환자를 치유하고 있는 존재는
하늘의 의사 그룹인 라파엘 천사들입니다.

용한 침술가와
용한 무속인과
용한 치유 능력이 있는 사람들과
용한 역술인들에게는
용한 능력이 있는 만큼
특별한 영적인 능력이 있는 사람들 모두에게는
보이지 않는 천사님들이 배치되어
아무도 모르게 돕고 있다는 것을 알고 있는 당신은
보이지 않는 세계를 아는
조금은 철이 든 사람일 것입니다.

당신이 형상을 보는 능력이 뛰어나서
보이지 않는 세계의 것을 잘 보는 것이 아니라
하늘에서 고화질의 영상을 보여주고 있는 것입니다.

나는 오늘 하늘의 소리를 들었다고 생각하지만
그 메시지는 일주일 전이나 한 달 전쯤에
하늘에서 미리보기를 통해서
그 상황에 맞는 준비된 소리를 녹음한 뒤

그때가 되었을 때 우연을 가장하여
재생된 소리가 들리는 것입니다.
미래를 볼 수 있는 하늘이
모든 것을 준비해 두었다가
꿈을 통해
영상을 통해
인류의 메타 의식구현 시스템(무의식과 잠재의식)에
저장되어 있다가
때가 되어 재생되는 것입니다.

당신이 하늘의 소리라고
당신이 내면의 소리라고
믿고 있는 소리들은
하늘에서 사전에 미리 제작되어 있다가
때가 되어 재생하여 들려주는 소리입니다.

당신이 하늘의 소리라고
당신이 내면의 소리라고
그렇게 믿고 있는 소리들은
라이브가 될 수 없으며
라이브로 들을 수 있는 사람은
특수한 역할을 가진 사명자만이 가능하며
그 사명자들 역시
라이브의 비중이 50%를 넘기는 매우 어렵습니다.

당신이 보이지 않는 세계를

잘 보고

잘 듣고

잘 느끼게 하기 위해

하늘은 당신의 몸에

당신이 느끼지 못하는

무형의 기계장치들을 설치해 놓았으며

무형의 기계장치들이 작동되면서

우주의 과학기술들이 작동되면서

당신이 보이지 않는 세계를

잘 보고

잘 듣고

잘 느끼게 되는 것입니다.

당신이 보이지 않는 세계를

잘 보고

잘 듣고

잘 느끼게 되는 이유는

당신의 기도를 하늘이 들어준 것이 아니며

당신의 정성이 하늘에 닿아서도 아닙니다.

당신이 착하고 순수하고 맑아서도 아닙니다.

당신이 좋은 일을 많이 하고

당신이 공덕을 많이 쌓아서도 아니며

당신의 조상의 공덕으로 된 것도 아닙니다.

당신이 영적인 능력이 생긴 이유는
하늘이 당신을 특별히 사랑해서도 아니며
당신이 우주에서 특별한 사람이기 때문도 아닙니다.
당신에게 일어날 일들이 일어난 것뿐이며
당신이 그 체험과 경험을 통해
배워야 할 것이 있기에 일어나는 것일 뿐입니다.
당신의 영혼이 배워야 할 것이 있기에
당신의 삶의 프로그램 중에 하나로
그런 능력이 생긴 것일 뿐입니다.
하늘의 입장에서 보면
당신에게 영적인 능력이 생긴 것과
처녀가 임신을 한 것과
대학에 합격한 것과
이혼을 한 여인의 삶의 프로그램은
모두 같은 것입니다.

당신에게
보이지 않는 세계에서의 방문이 있다면
당신에게 일어날 일들이 일어난 것일 뿐입니다.
하늘이 들려주는 소리를 듣고
내면에서 들리는 소리를 듣고
하늘이 보여주는 형상을 보고
꿈속에서 미래의 모습을 보았다면
이렇게 물어보십시오.

지금 나에게
하늘의 소리를 들려주고
하늘의 형상을 보여주는 하늘은
몇 차원 몇 단계의 하늘입니까?

하늘이라고 다 같은 하늘이 아닙니다.
하늘의 소리라고 다 같은 하늘의 소리가 아닙니다.
내면의 소리라고 다 내면의 소리가 아닙니다.
몇 차원 몇 단계의 하늘의 소리를 듣고 있다는 것을
알아채고 눈치채는 것이야말로
당신이 여시아문의 늪에서 빠져나올 수 있는
유일한 탈출구임을 기억하시기 바랍니다.

하늘은 1차원에서 18차원이 있으며
각 차원마다 1단계에서부터 15단계까지 존재하고 있습니다.
당신에게 방문한 보이지 않는 하늘은
몇 차원 몇 단계입니까?

인류의 건승을 빕니다.

영적 능력에 대한 정리

하늘의 소리를 듣는다고
다 하늘의 소리가 아닙니다.
하늘의 소리라고
다 같은 하늘의 소리가 아닙니다.
인간이 듣는 하늘의 소리들은
하늘의 소리를 들려주고 있는
하늘의 차원이 다 다릅니다.

하늘의 소리를 듣는다고
영적 능력이 있는 것이 아닙니다.
내가 듣고 있는 하늘의 소리는
내가 듣고 싶은 소리를 듣는 것이 아니라
하늘이 들려주는 소리만을 듣고 있는 것이며
하늘이 일방적으로 들려주는 소리만을 듣고 있는 것이기에
인간의 자유의지에 의해 듣고 있는 하늘의 소리가 아니기에
영적인 능력이 생긴 것이 아닙니다.

당신이
귀신을 볼 수 있고
천사들을 볼 수 있고
하늘이 보여주는 형상을 본다고 해서

인간의 몸에 있는 경락 시스템을 본다고 해서
인간의 몸에 있는 공의 세계의
무형의 기계장치들을 본다고 해서
당신이 영적인 능력이 있는 것이 아닙니다.
당신이 보고 싶은 것을 보는 것이 아니라
당신은 하늘이 보여주는 대로
보이지 않는 세계에서 보여주는 것만을
보고 있는 것입니다.
당신이 아무리 화려한 형상을 본다고 할지라도
진정한 의미에서는 영적인 능력이 될 수 없는 것입니다.

당신이 타인이 느끼지 못하는
초감각적인 것을 느끼고
당신이 기감이 좋아서 타인이 느끼지 못하는
경락의 흐름을 느끼고 본다고 해서
당신이 영적 능력이 있는 것이 아닙니다.
당신이 초감각적인 것을 느낄 수 있는 것은
하늘이 당신의 감각 세포의 센서 기능을
민감하게 셋팅해 놓았기 때문에 느끼는 것이지
당신의 영적 능력으로 인해 일어나고 있는 것이 아닙니다.

언제든지 하늘이
언제든지 보이지 않는 세계에서
그 센서 기능의 스위치를 끄거나
그 센서 수치를 바꾸어 놓으면

당신의 감각은 언제나 제자리로 돌아올 수 있기 때문에
진정한 의미에서는 당신의 영적 능력이라고 할 수 없습니다.

당신이 물 위를 걷는다고
영적 능력이 있는 것은 아닙니다.
물 위를 걸을 수 있도록
보이지 않는 세계에서 설치한 특수한 에너지장에서
일어날 수 있는 일이 일어났기 때문입니다.
물 위를 걷는다고
영적 능력이 있는 것은 아닙니다.
물 위를 걷는 당신의 영적 능력이
언제 어디서든 가능해야 하는데
하늘이 설치해 놓은 특수한 에너지장 속에서만
일어나기 때문입니다.
나의 자유의지가 아닌
하늘의 도움이 있어야만
물 위를 걸을 수 있기에
진정한 의미에서는 물 위를 걷는 당신의 능력은
당신의 영적인 능력이 될 수 없습니다.

하늘 위를 날아다닌다고 해서
영적 능력이 있는 것이 아닙니다.
초인생활에 등장하는
에밀대사와 그의 일행들이 행했던 것들 또한
그들의 영적 능력이 될 수 없습니다.

에밀 대사와 그들에게 그런 능력을 사용할 수 있도록
그곳에 하늘이 특수한 에너지장을 설치해 주었기 때문에
일어날 일들이 일어난 것일 뿐입니다.
하늘이 설치해 놓은 특수한 에너지장 속에서는
인간이 상상할 수 있는
모든 이적과 기적이 일어날 수 있기 때문입니다.
특수한 에너지장 속에서 일어나는 것은
인간의 의식의 수준에서만
이적과 기적으로 보이고
당신의 영적인 능력으로 보일 뿐입니다.
하늘이 설치한 특수한 에너지장 속에서 일어나는
모든 이적과 기적들은
우주의 입장에서 보면 상식이며 과학일 뿐입니다.

타인의 병을 치유하는 능력이 있다고 해서
영적 능력이 있는 것이 아닙니다.
인간의 병을 치유하는 것은
보이지 않는 세계의 천사들이며
보이지 않는 세계의 에너지체들이
질병을 치유하고 있기 때문입니다.
질병을 치유하는 능력이 보이는 세계에서는
당신이 치유를 하고 있는 사람처럼 보이고
당신이 치유를 명령하고 있는 사람처럼 보이지만
실제로는 하늘의 에너지체(천사)들이
그 일을 하고 있기 때문입니다.

진정한 영적인 능력이란
타인이 하지 못하는 것을 나만이 할 수 있고
타인이 가지지 못한 특수 능력을
나만이 할 수 있는 것이 결코 아닙니다.
진정한 영적인 능력은
이적과 기적이 아니며
병을 치유하는 것이 아닙니다.

진정한 영적인 능력은
하늘의 진리를 왜곡없이 들을 수 있는 것이며
진정한 영적인 능력은
하늘의 진리를 들을 수 있는 능력을 말합니다.
진정한 영적인 능력은
우주의 진리와 사물의 본질을 꿰뚫어 볼 수 있는 능력입니다.
진정한 영적인 능력은
천사의 말을 듣고 천사의 말을 하는데 있는 것이 아니라
마음속에 사랑이 흐르고 흘러서
세상에서 가장 낮은 곳에 있어도 편할 줄 아는
마음의 작용입니다.

진정한 영적인 능력이란
조건없는 사랑의 마음을 품는 것이며
자비와 연민의 마음을 갖는 것이며
너와 내가 둘이 아닌 하나로 연결되어 있음을
머리가 아닌 가슴으로 공명하는 것입니다.

진정한 영적 능력이란
하늘의 전체의식과
연결되어 있는 상태라고 할 수 있습니다.

진정한 영적 능력이란
하늘의 마음을 품는 것이며
하늘의 마음을 땅에서 펼쳐낼 수 있는 것이며
하늘 사람이 하늘 사람으로 준비되는 것이며
빛의 일꾼들이 빛의 일꾼으로 준비되는 것입니다.

진정한 영적 능력이 있는 인자들을 통해
하늘은 영성의 시대를 열 것이며
땅에서는 새로운 정신문명을 열게 될 것이며
하늘의 뜻이 땅에서 이루어질 것입니다.

영적 아이큐(SQ)에 대한 정리

인간의 정신 활동을 설명하는
중요한 3가지 지수가 있습니다.
인간의 지능을 상징하는 지능지수(IQ)와
인간의 감성을 상징하는 감성지수(EQ)와
인간의 창조력을 상징하는 영성지수(SQ)가 있습니다.

영성지수는 지능지수와 감성지수의 바탕이 됩니다.
영성지수는 상황에 대한 이해력과
사물의 본질에 접근할 수 있는 물질적 상상력을 말합니다.
영성지수는 창조할 수 있는 능력을 말합니다.

영성지수를 구성하는 3대 요소는
직관력과 느낌과 영감입니다.
영성지수가 높다는 것은
직관력이 뛰어나다는 것을 의미합니다.
복잡하고 추상적인 것들을 단순하고도 쉽게
모델링하고 표준화할 수 있는 능력을 말합니다.
사물의 본질을 꿰뚫어 볼 수 있는 능력을 말합니다.

영성지수가 높다는 것은
느낌이나 감각이 발달했음을 의미합니다.

느낌은 말없는 말이며

느낌은 동기감응하는 것이며

느낌은 그냥 아는 것입니다.

논리를 따져서 아는 것이 아니며

합리성을 따져서 아는 것도 아니며

느낌은 그냥 아는 것입니다.

느낌은 영혼의 언어입니다.

영혼과 영혼의 소통은 느낌을 통해 이루어집니다.

영성지수가 높다는 것은

영감(靈感)이 발달했다는 것입니다.

영감이란 보이지 않는 세계와 나와의 소통을 말합니다.

영감이 발달했다는 것은

하늘과의 소통 능력이 있다는 것입니다.

영감이 발달했다는 것은

만물과의 교감이 이루어진다는 것을 의미합니다.

영감이 발달했다는 것은

내면에 있는 상위자아와의 소통이 시작되었음을 의미합니다.

영감이 발달했다는 것은

자신의 우주적 신분에 맞는

하늘의 차원의 문이 열렸다는 것을 의미합니다.

영감이 발달했다는 것은

자신의 우주적 신분에 맞는 우주의 정보 네트워크에

접속이 원활하다는 것을 의미합니다.

영감이 발달했다는 것은
내가 태어날 때 가지고 온 달란트들을 이용하여
창조 활동을 잘 한다는 것을 의미합니다.
영감이 발달했다는 것은
폴더의 형태로
무의식과 잠재의식의 영역에 가지고 온 달란트를 이용하여
창조 활동이 활발하게 진행되고 있음을 의미합니다.

영성지수는
오래된 영혼일수록 높습니다.
영성지수는
우주적 신분이 높을수록 발달됩니다.
영성지수는
삶의 프로그램 내용에 따라 달라집니다.
영성지수는
창조적 활동을 하는 창조적 소수 그룹들에게
높게 나타납니다.
영성지수는 게임 체인저나 문명 체인저들에게
높게 나타납니다.

영성지수가 높을수록
머리가 좋은 천재보다는
상상력과 감수성이 발달되어 있습니다.
영성지수가 높을수록
존재(being)를 생성(becoming)하는 능력이 발달되어 있습니다.

영성지수가 높을수록
배우지 않아도 아는 것이며
경험하지 않아도 아는 것이며
그냥 아는 것이 많아집니다.

영성지수가 발달될수록
자연과의 교감이 잘 이루어집니다.
식물과의 대화와 동물들과의 대화가 가능하거나
동식물과의 심리적 거리가 가깝게 느껴집니다.
영성지수가 발달될수록
자연스럽게 내면으로 향하게 되어 있으며
내면과의 소통이 자연스럽게 이루어지고 있습니다.
영성지수가 발달될수록
사물을 바라보는 독특한 세계관이 있으며
독창적인 세계관이 있습니다.
영성지수가 발달한 사람일수록
다층적인 사고를 가지고 있으며
다차원적이고 복합적인 사고구조를 가지고 있습니다.

영성지수가 발달한 사람일수록
영의식이 혼의식보다 발달한 사람입니다.
영의식은 영의 3요소인
진리의 영과 거룩한 영과 사고조절자로 구성되어 있습니다.
영성지수가 높다는 것은
영의식이 깨어남을 의미합니다.

영의식이 깨어난다는 것은

진리를 보았을 때

진리를 들었을 때

진리를 만났을 때

진리에 공감하고 진리에 공명할 수 있음을 말합니다.

영의식이 깨어난다는 것은

우주 만물은 창조주의 신성한 에너지인 거룩한 영

즉 창조주의 에너지인 성령으로 창조되었다는 것을 아는 것입니다.

우주에 존재하는 삼라만상은 성령으로

창조주의 의식으로 서로 연결되어 있으며

서로를 알아보고 공명할 수 있다는 것을 의미합니다.

영의식이 깨어난다는 것은

창조주께서 나에게 주신 사고조절자가

깨어난다는 것을 의미합니다.

사고조절자가 깨어나면

하늘의 차원의 벽을 부수고

하늘의 차원의 문을 열고

고차원의 하늘의 정보(진리)와

고차원의 우주의 정보(진리)들을 행성에 전달하는

정보 전달자의 역할을 수행할 수 있습니다.

영성이 발달한 사람일수록

논리적으로 따지기를 좋아하지 않습니다.

영성이 발달한 사람일수록
보이지 않는 하늘이 있다는 것을 알고 있습니다.
영성이 발달한 사람일수록
보이지 않는 세계가 있다는 것을 알고 있습니다.
영성이 발달한 사람일수록
하늘 무서운 줄 아는 사람이며
하늘이 일하는 방식을 아는 사람입니다.

마지막 때가 시작되고 있음을
그날이 오고 있음을
그날이 시작되었음을 전합니다.
의식이 깨어나고 있는 하늘 사람들과
의식이 깨어나고 있는 빛의 일꾼들에게
하늘의 황금나팔 소리를 위한 상징의 표식으로
우데카 팀장이 이 글을 기록으로 남깁니다.

메타(meta) 인지란?

메타(meta)의 세계라!
세상은 현상과 본질의 세계로 되어 있습니다.
세상은 현실과 이상의 세계로 되어 있습니다.
세상은 사물과 기호로 되어 있습니다.
사물과 기호 사이에 상징이 있습니다.
세상은 눈에 보이는 세계와
눈에 보이지 않는 세계로 되어 있습니다.

사물과 사물 사이를 연결하는 인식과 상징의 세계를
메타(meta)라고 합니다.
기호와 상징 사이를 연결하는 의식 체계를
메타(meta)의 세계라 합니다.
상징과 상징 사이를 연결하는 사물을 객관적 상관물이라 하며
메타(meta)의 세계라 합니다.

기호와 기호 사이를 연결하는 사유와 상징의 세계를
메타(meta)의 세계라 합니다.
언어와 언어 사이를 연결하는 사유와 상징의 세계를
메타(meta) 언어라 합니다.
보이지 않는 세계와 보이는 세계와의 연결 고리를
메타(meta)의 세계라 합니다.

현상과 본질 사이의 연결 고리를 인지하는 것을
메타(meta) 인지라 합니다.
현실과 이상(이데아) 사이의 연결 고리를 인지하는 것을
메타(meta) 인지라 합니다.
현상과 사물 사이의 연결 고리를 인지하는 것을
메타(meta) 인지라 합니다.

내가 하는 행동을
내 스스로 객관적으로 인지하는 것을
메타(meta) 인지라 합니다.
내가 처해 있는 상황속에서
겉으로 드러나 있는 것만을 인지하는 것이 아니라
이 상황을 일으키고 있는
본질에 대한 접근과 분석이 이루어질 때를
메타(meta) 인지가 되었다고 합니다.

내가 하는 행동을
내 스스로 주관적으로 인지하여
상황에 대한 인식이 객관적이지 못할 때를
인지부조화 또는
메타(meta) 인지가 되지 않는다고 합니다.

작은 그림을 보면서도 큰 그림을 함께 볼 수 있는 눈
큰 그림을 보면서도 작은 그림을 함께 볼 수 있는 안목을
메타(meta) 인지라 합니다.

사물을 보며
사물과 사물 사이의 연관 관계를
직관이나 느낌을 통해
사물의 본질을 그냥 아는 것을
메타(meta) 인지라 합니다.

사물을 보며
사물과 사물 사이의 연관 관계를
학문적인 방법론을 통하여
격물치지의 방법을 통해 연구하는 것을
메타(meta) 연구라 합니다.

세상이 복잡해질수록
문화와 문명이 발달할수록
언어는 추상화되고 상징화됩니다.
언어가 추상화되고 상징이 다양화되는 것을
언어가 고도화된다고 합니다.

언어가 고도화될수록 상징은 추상화되고
사물의 본질을 찾기보다는
사물의 현상에 초점을 두기가 쉽습니다.
사회가 고도화될수록
언어가 고도화될수록
메타(meta)라는 말은
점점 더 많이 접두어로 사용됩니다.

사회가 고도화될수록
언어가 고도화될수록
사물의 현상 뒤에 있는 본질을 인지하기는
더욱더 힘들어지고 어렵게 됩니다.

메타(meta) 인지가 어려울수록
눈에 보이는 것만을 인식하게 되며
사고의 단층화와 단순화를 의미합니다.
메타(meta) 인지가 안될수록
눈에 보이는 것만을 인식하게 되는 것입니다.
사고의 직선화가 이루어지게 되며
복합적이고 통합적인 사고가
이루어지지 않고 있음을 의미합니다.

의식이 확장된다는 것과
의식이 깨어난다는 것은
메타(meta) 인지 상태라는 것을 의미합니다.

의식이 깨어있다는 것은
메타(meta) 인지가 이루어지고 있음을 의미합니다.
늘 의식이 깨어있다는 것은
메타(meta) 인지 상태에 있다는 것을 의미합니다.

내가 사물을 감각으로 인지하고
내가 사물을 의식하고

내가 사물을 생각하고
내가 사물을 분석하고
내가 사물을 인지하고 통합하는
모든 일련의 과정을 메타 의식구현이라고 합니다.
인간이 사물을 인지하고 의식을 구현하는 시스템을
메타 의식구현 시스템이라고 합니다.

깨달음의 세계
직관의 세계
느낌의 세계
영감의 세계
돈오(頓悟)와 점수(漸修)의 세계
그냥 아는 것의 세계를
나를 둘러싸고 있는 세계를 인지하는
나의 의식 체계를
나의 메타(meta)의 세계라 합니다.

고등어의 첫 경험

고등어를 고등어라고 말하는 순간
고등어는 기호와 상징속에 갇혀 버립니다.
고등어를 고등어라 말하는 순간
고등어는 이해의 대상이며
고등어는 해석의 대상이며
고등어는 비판의 대상이 됩니다.

고등어를 생각하며 푸른 바다가 떠오른다면
고등어와 푸른 바다는
나의 경험의 세계인 동시에
나의 은유의 세계라고 합니다.

고등어를 생각하며 푸른 하늘이 떠오른다면
고등어와 푸른 하늘은
나의 생각의 세계인 동시에
나의 메타 의식의 세계가 됩니다.

고등어가 푸른 바다가 되는 상징의 세계와
고등어가 푸른 하늘이 되는 상징의 세계는
서로 보편성과 개연성으로 연결되어 있는데
이것을 메타 인지라 합니다.

고등어를 생각하다가
푸른 바다가 생각이 나고
푸른 하늘이 생각이 난다면
푸른 바다와 푸른 하늘은
고등어라는 사물이 내 의식의 체를 통하여
사고의 형태로
생각의 형태로 나타난
의식의 확장이라고 말합니다.

당신이 생각을 통하여
당신이 사고를 통하여
당신이 상상력을 통하여
고등어를 보고 푸른 바다가 생각이 나고
푸른 하늘이 생각이 난다면
고등어와 푸른 바다와 푸른 하늘은
상징과 상징 사이의
개연성과 보편성으로 연결되어 있습니다.
이것을 상상력이라고 합니다.
상상력은 반드시 물질의 토대를 바탕으로
확장되는 속성을 가지게 되는데
이것을 물질적 상상력이라고 합니다.

기호와 상징 사이에
상징과 상징 사이에 존재하는 사물 즉 물질을
객관적 상관물이라고 합니다.

고등어라는 객관적 상관물을 보고
고등어라는 생각만 떠오르는 사람과
고등어라는 객관적 상관물을 보고
푸른 바다와 푸른 하늘과 같은
연관된 사물들과 연관된 상징들이 많이 떠오를수록
사고의 다층화가 이루어지고 있다는 증거입니다.

고등어는 한글로 고등어라 쓰고
고등어를 일본어로 사바(サバ)라 쓰고
고등어를 영어로는 mackerel이라 합니다.
고등어라는 하나의 사물을 표현하는
많은 기호들이 존재합니다.
고등어라는 하나의 사물을 표현하는
기호와 기호 사이의 관계를 메타 관계라고 하며
기호와 기호 사이의 관계를 메타 언어라고 합니다.

기호와 기호 사이에 다양한 표현이 생겨날수록
메타 언어는 다양화됩니다.
기호와 상징 사이에 다양한 조합이 생겨날수록
메타 인지는 복잡해집니다.
상징과 상징 사이에 다양한 결합이 생겨날수록
영성지수는 높아지고
언어는 추상화되고
언어는 고도화됩니다.

언어를 추상화할 수 있는 능력이
그 사람의 메타 인지의 능력입니다.
언어를 고도화할 수 있는 능력이
그 사람의 메타 인지의 수준입니다.
메타의 세계는 느낌의 세계이며
메타의 세계는 직관의 세계이며
메타의 세계는 그냥 아는 세계입니다.

메타의 세계가 풍부하다는 것은
상상력이 풍부하다는 것입니다.
메타의 세계가 다양하다는 것은
창의적 사고가 가능하다는 것입니다.
메타의 세계가 다층적이라는 것은
영성지수가 높으며
메타 인지의 층위가 깊고 넓다는 것을 말합니다.

메타의 세계가 풍부하다는 것은
언어를 추상화하는 능력이 있다는 것을 말합니다.
메타의 세계가 다양하다는 것은
다차원적 사고가 되고 있다는 증거이며
창조성이 발달해 있다는 것을 의미합니다.
메타의 세계가 다층적이라는 것은
본질과 현상에 대한 메타 인지의 이해력이
높다는 것을 말합니다.

메타의 세계가 풍부하다는 것은

복잡한 것을 단순화할 수 있다는 것이며

단순한 것을 복잡하게 창조할 수 있다는 것을 의미합니다.

메타의 세계가 다양하다는 것은

생각이 단순하지 않으며

사고가 편협하지 않으며

본질과 현상속에 펼쳐진 다양한 모습들을

편견 없이 받아들이고 이해할 수 있으며

수용할 수 있다는 것을 의미합니다.

메타의 세계가 다층적이라는 것은

기호와 기호 사이의 이해도가 높다는 것이며

기호와 상징 사이에 해석력이 높다는 것이며

상징과 상징 사이에 메타 인지의 수준이 높다는 것을 의미합니다.

메타 인지란 본질과 현상에 대한 통찰력입니다.

메타 인지란 보이지 않는 세계와

보이는 세계와의 통합을 말합니다.

메타 인지란 감각과 의식의 통합을 말합니다.

메타 인지란 감정과 의식의 통합을 말합니다.

메타 인지란 언어의 감옥을 벗어나

사물의 본질에 접근할 수 있는

깨달음의 상태를 말합니다.

메타 인지란 돈오와 점수를 말합니다.

메타 인지란 그냥 아는 것을 말합니다.

고등어를 생각하는 순간
문학 작품속의 고등어와 영화속의 고등어가 동시에 떠오른다면
문학 작품속의 고등어와 영화속의 고등어는
실제 내가 눈으로 볼 수 있고
감각으로 느낄 수 있는 고등어가 아닙니다.
문학 작품속의 고등어와 영화속의 고등어는
고등어라는 사물을 매개로 하는
메타 언어의 관계속에서 개연성과 필연성에 의해
서로 연결되어 있는 새롭게 탄생한
고등어에서 파생된 기호와 상징입니다.

당신이 고등어에 대해 가지고 있는
경험의 세계와 상상력의 세계를 포함하여
고등어와 관련된 당신의 모든 인식체계와
당신의 모든 의식의 체계를
고등어에 대한 당신의 메타의 세계라고 합니다.

고등어에 대한 각자의 고유한 메타의 세계를 가진 사람들끼리
서로 다른 메타의 세계속에서
서로 교감하며 서로 부딪치며 살아가고 있는 것입니다.

고등어를 생각하다가 고등어에 대한 메타 인지의 교차로에 서서
이 글을 읽고 있는 당신에게 물어봅니다.
고등어의 첫 경험이 어떤 모습일까요?
고등어의 첫 경험은 어떤 느낌일까요?

고등어에 대한 메타의 세계가
다양하고 풍부한 사람일수록
이 질문에 답을 해줄 수 있을 것입니다.

고등어의 첫 경험에 대해
서로의 메타의 세계를 공유할 수 있고
고등어의 첫 경험에 대해
메타 인지의 교차로에 서 있는
말이 통하는 사람을 만나기를 원합니다.

메타의 세계라
메타 인지의 세계속에
메타 인지의 상태로
고등어의 첫 경험에 대해
고등어의 첫 경험에 함께 참여할
암컷 고등어와 수컷 고등어를
우데카 팀장은 기다리고 있겠습니다.

우데카 팀장의 메타의 세계속에서
마음껏 뛰어 놀고 싶은 고등어를 찾습니다.

우데카 팀장의 메타 의식 안에서
마음껏 뛰어 놀다가
고등어의 첫 경험을 체험하고 싶은
말이 통하는 영혼을 가진 고등어들을 초대합니다.

아름다움과 추함 (보편과 추상)

아이들은 왜 잘 생기고 예쁜 사람을 더 좋아할까요?
남성들은 왜 아름다운 여인을 보면 기분이 좋아질까요?
아이들은 왜 잘 생기고 예쁜 사람을 더 잘 따를까요?
남성들은 왜 예쁘고 아름다운 여인을 보면
기분이 좋아지는 동시에 마음이 복잡해질까요?

할아버지 할머니들은
어린 손자와 손녀들을 보면 왜 그렇게 좋아할까요?
사람이 나이가 들어가면서
젊은이들을 보기만 해도 기분이 좋아질까요?
무더기로 피어있는 꽃을 보면
왜 기분이 좋아질까요?

사람들마다 좋아하는 연예인이 다 다릅니다.
내가 그토록 좋아하는 연예인을
왜 다른 사람들은 좋아하지 않는지
도저히 이해할 수 없습니다.
사람들마다 자신이 연예인을 좋아하는 이유가 다 다르듯
싫어하는 이유 또한 다 다릅니다.

사람마다 좋아하는 음악이 다릅니다.

사람마다 좋아하는 음식이 다릅니다.
사람마다 끌리는 이성의 취향이 다릅니다.
사람마다 아름다움과 추함의 기준이 다릅니다.

좋아하고 싫어하는 것은
감정의 영역입니다.
좋아하고 싫어하는 것이
감정의 영역에서 발현이 될 때는
감각기관을 통해 들어온 정보들과
학습된 기억들이
뇌에서 감각과 인지 기능의 통합이 일어납니다.
좋아하고 싫어하는 것이
감정의 영역에서 발현이 될 때에는
감각과 인지 능력의 통합된 정보가
12개의 감정선을 자극하여
좋아하고 싫어하는 감정을 느끼게 되는 것입니다.

좋아하고 싫어하는 이유가
감정의 영역에서 이루어질 때는
개인의 현재의식의 층위에서 이루어집니다.
감각으로 인지되는 기호와
감정으로 느끼는 상징 사이의
메타 인지를 통해
좋고 나쁨이 결정이 됩니다.

감정의 층위에서 이루어지는
좋고 나쁨은
개인의 경험과 취향을 기반으로 결정되기 때문에
판단이 빠르며
즉자적(주관적)으로 이루어지는 특징이 있습니다.

좋아하고 싫어하는 것은 의식의 영역입니다.
좋아하고 싫어하는 것이
의식의 영역에서 발현이 될 때에는
직관의 형태로 드러납니다.
좋아하고 싫어하는 것이
의식의 층위에서 발현이 될 때에는
개인의 잠재의식과 무의식의 층위에서
집단의 잠재의식과 집단 무의식의 층위에서 이루어집니다.

좋아하고 싫어하는 것이
의식의 층위에서 발현될 때에는
경험으로 인지된 학습화된 기호와
직관으로 인지된 생성된 상징 사이에서
메타 인지를 통해 대자적으로 이루어집니다.

아름다움과 추함은 감정의 영역입니다.
아름다움과 추함이
감정의 영역에서 이루어질 때는
설레임과 두려움으로 나타납니다.

아름다움은 감정의 영역에서 긍정의 에너지이며
설레임의 에너지로 느껴집니다.
추함은 감정의 영역에서 부정적인 에너지이며
두려움의 에너지에서 나옵니다.

아름다움과 추함이
감정의 영역에서 이루어질 때는
현재의식과 잠재의식의 층위에서 이루어집니다.
아름다움과 추함이
감정의 영역에서 즉자적으로 나타날 때는
아름다움과 추함은
좋고 나쁨으로 나타나게 됩니다.

아름다움과 추함이
감정의 영역에서 왜곡될 때는
아름다움은 선이 되고 추함은 악이 됩니다.
아름다움과 추함이
감정의 영역에서 대자적으로 나타날 때는
이해와 해석의 영역인 예술의 영역이 됩니다.

아름다움과 추함은 의식의 영역입니다.
아름다움과 추함의 의식은
잠재의식과 무의식의 깊은 층위에서 이루어집니다.
아름다움과 추함은 의식의 영역에서는
보편과 추상으로 나타납니다.

아름다움과 추함은
의식의 영역에서 보편성의 출발점입니다.
아름다움과 추함은
의식의 영역에서 추상과 창조가 이루어지는 최고의 정점입니다.

아름다움과 추함이
의식의 영역에서 보편성으로 나타날 때는
학문과 예술의 대상이 됩니다.
아름다움과 추함이
의식의 층위에서 왜곡이 될 때
정의가 되고
다양한 이념의 층위로 나타납니다.
아름다움과 추함이
의식의 영역에서 추상화될 때는
음과 양의 조화와 균형을 말하는 것이며
관세음의 세계를 말하는 것입니다.

아름다움과 추함이
의식의 영역에서 메타 인지를 통해
관세음의 세계(물질세계)를 초월하게 되면
대우주의 전체의식인
창조주의 신성이 됩니다.

아름다움과 추함은
삼라만상에 펼쳐놓은 음양의 세계를 말합니다.

아름다움과 추함은
물질세계에 펼쳐놓은 음양의 에너지를 말합니다.
아름다움과 추함은
인간의 마음속에 있는 바탕생각인
사랑의 에너지와 두려움의 에너지를 말합니다.
아름다움과 추함은
인간의 감정속에 있는 좋은 것과 나쁜 것을 의미합니다.

메타의 세계라
아름다움과 추함 사이에
하늘과 땅의 아름다운 간격이 있습니다.
아름다움과 추함 사이에
하늘은 하늘이 가야하는 길이 있으며
땅은 땅이 가야하는 길이 있습니다.

메타의 세계라
아름다움과 추함은
끝도 없고 시작도 없는
대우주의 시간과 공간속에
물질세계에 펼쳐놓은
창조주의 신성을 말함이라

메타의 세계라
하늘과 땅 사이에
아름다운 간격이 있습니다.

메타의 세계라
하늘과 인간 사이에
아름다움과 추함이 있습니다.

메타의 세계라
인간과 인간 사이에
아름다움과 추함이 있습니다.

메타의 세계라
아름다움과 추함 사이에
사랑밖에 더 있더냐

늘 깨어 있다는 것이 갖는 의미

의식에서 생각이 일어납니다.
의식에서 감정이 일어납니다.
의식에서 행동이 일어납니다.

마음에서 생각이 일어납니다.
마음에서 감정이 일어납니다.
마음에서 행동이 일어납니다.
마음은 의식의 작용입니다.
의식에서 마음이 일어납니다.
의식의 마당은
마음의 밭(마당)입니다.

내 마음의 밭에는
참 많은 것들이 자라고 있습니다.
나의 에고가 낳은 욕심과 욕망이라는
잡초들이 자라고 있습니다.
내 의식의 마당에는
나의 에고가 낳아놓기만 하고 돌보지 않은
소외되고 방치된 내가
너무나 많이 있습니다.

내 마음의 밭에는
나의 에고가 낳아놓기만 하고 돌보지 않은
상처입은 내가 있습니다.
내 의식의 마당 한 구석에는
어두운 곳에서 또아리를 틀고 앉아
아파하고 두려워하는 여리고 여린 내가 있으며
작은 내가 자라고 있습니다.
내 의식의 마당 한 구석에는
사랑받고 싶다고 사랑해 달라고
사랑의 푸른 꿈을 꾸고 있으며
떼를 쓰고 어리광 부리는
참 초라하고 미성숙한 내가 살고 있습니다.

내 마음의 밭에는
언제부터인지도 모르고
누가 심어놓은 것인지도 모르지만
예쁜 꽃들이 자라고 있습니다.

내 마음의 밭에는
하늘의 마음을 얻고
신의 은총을 받아
도탄에 빠진 사람들을 구하고
뭔가 잘못되어 가고 있는 세상을 바로잡고
세상을 구해보겠다는 마음 한 자락이
여전히 자라고 있습니다.

내 마음의 한 구석에
내 의식의 한 모퉁이에
사람의 마음을 얻어
성공도 하고 출세도 해 보겠다고 큰소리치고 있는
내가 뿌린 씨앗인 자만과 교만의 마음도
여전히 자라고 있습니다.

의식이 깨어 있다는 것은
내 마음의 밭에 내가 뿌려놓은 좋은 씨앗들이
잘 성장할 수 있도록
에고라는 잡초도 뽑아주고
에고에서 자라난 부정성들을 제거하고
에고의 열매인 이기적인 마음을
순수한 마음으로 가꾼다는 것을 의미합니다.

의식이 깨어 있다는 것은
내가 씨앗을 뿌려놓은 것은 잘 자라게 하고
내가 원하지 않는 것은 잡초를 뽑듯 김을 매듯
마음의 밭을 잘 가꾸는 것을 말합니다.
의식이 깨어 있다는 것은
내 의식의 마당에 무엇이 자라고 있는지
관찰하고 살펴보는 것을 말합니다.
의식이 깨어 있다는 것은
내가 키우고 싶은 의식을 골라
선택과 집중을 통해 성장시킨다는 것을 말합니다.

사람마다 하늘에서 조물한 마음의 밭이 다릅니다.
사람마다 하늘에서 조물한 의식의 마당이 다릅니다.
사람마다 하늘이 마음의 밭에 심어놓은 씨앗이 다릅니다.
사람마다 하늘이 의식의 마당에 뿌려놓은 씨앗이 다릅니다.
사람마다 마음 씀씀이가 다릅니다.
사람마다 의식의 층위가 다릅니다.

늘 의식이 깨어 있다는 것은
내 마음의 밭에서 자라고 있는 것이
진짜 내가 심은 것인지
보이지 않는 세계에서 심어놓은 것이
무럭무럭 자라고 있는 것인지
알아채고 눈치챈다는 것을 말합니다.

늘 의식이 깨어 있다는 것은
내 마음의 밭에서 우후죽순 자라고 있는
다양한 크기와 다양한 모양을 하고 있는 것이
정말 내가 진짜로 원하는 것인지
정말 내가 가고자 하는 길인지
알아채고 눈치챈다는 것을 말합니다.

늘 의식이 깨어 있다는 것은
내 마음의 밭에는 내 의식의 밭에는
내가 심어놓은 씨앗과 나무
타인이 심어놓은 씨앗과 나무

하늘이 심어놓은 씨앗과 나무들이
얽히고설킨 채 제멋대로 자라고 있으며
열매를 맺기 위해 최선을 다하고 있다는 것을
알아채고 눈치채는 것을 의미합니다.

늘 의식이 깨어 있다는 것은
내 의식의 마당에서
내 마음의 밭에서 자라고 있는 씨앗과 나무들은
내가 정성을 다하고
내가 관심을 주고
내가 힘을 실어주기 때문에
죽지도 않고 끈질기게 살아있다는 것을
알아채고 눈치채는 것입니다.

늘 의식이 깨어 있다는 것은
내 마음의 밭에
내 의식의 마당에 자라고 있는 모든 것은
우연히 있는 것이 아니며
내 삶의 흔적들이며
내 삶의 모순들이며
내가 풀어야 할 인생의 숙제이며
나의 영혼의 물질 체험에 필요한 모든 것이
제 몫의 지분을 가지고 살아서 열매를 맺기 위해
최선을 다하고 있다는 것을
알아채고 눈치채는 것을 의미합니다.

늘 의식이 깨어 있다는 것은
내 마음의 밭에서
내 의식의 마당에서 자라고 있는 것들 중에
어떤 열매를 수확할 것인지
어떻게 해야 잘 자라는지
어떻게 해야 알곡을 수확할 것인지
매 순간의 선택에 따라
열매의 맛과 열매의 질이 달라진다는 것을
알아채고 눈치채는 것입니다.

늘 깨어 있다는 것은
남의 밭에 마음을 주지 않고
남의 꽃밭에 물을 주지 않는 것이며
남의 열매를 탐하지 않는 것입니다.

늘 깨어 있다는 것은
내 마음의 밭에 내 의식의 마당에
토질에 맞는 씨앗을 찾아서 심고
기후에 맞는 품종을 찾아서 심고
내 입맛에 맞는 열매를 찾아서
심고 가꾸는 것을 말합니다.

늘 깨어 있다는 것은
큰 그림 속에서 작은 그림을 볼 수 있는 것이며
작은 그림 속에서도 큰 그림을 볼 수 있는 것입니다.

늘 깨어 있다는 것은
눈에 보이는 것만을 믿지 않는 것입니다.
눈에 보이지 않는 현상 뒤에는
눈에는 보이지 않지만 본질의 세계가 있다는 것을
알아채고 눈치채는 것입니다.

늘 깨어 있다는 것은
내 마음의 밭에 내 의식의 마당에
인간의 모든 문제를 풀 수 있는 마스터키가 있음을
알아채고 눈채채는 것입니다.

늘 깨어 있다는 것은
내 마음의 밭에 내 의식의 마당에
세상의 모든 문제를 풀 수 있는
마음 한 자락이라는 씨앗이 준비되어 있다는 것을
알아채고 눈치채는 것입니다.

늘 깨어 있다는 것은
내 마음의 밭에는
내 의식의 마당에는
대우주의 차원의 문과 차원의 벽을 넘어서
우주의 진리와 공명할 수 있는
진리의 씨앗이 준비되어 있다는 것을
알아채고 눈치채는 것입니다.

늘 깨어 있다는 것은
당신이 진리를 만났을 때
당신이 진리를 들었을 때
당신이 진리를 보았을 때
당신의 마음의 밭에서
당신의 의식의 마당에서
알아챔과 눈치챔을 통해
진리와 공명하는 것입니다.

늘 깨어 있다는 것은
당신의 내면에 있는 신성한 영혼과
동행한다는 것을 의미합니다.
당신의 마음의 밭에 하늘이 뿌려놓은
당신의 의식의 마당에 하늘이 심어놓은
진리의 싹을 틔우고
진리의 나무를 키우고
진리의 꽃을 피우고
진리의 열매를 맺기 위해
내가 지금 무엇을 해야 하는지
내가 지금 어떻게 해야 하는지
메타(meta) 인지를 통해
스스로 묻고
스스로 답하고
스스로 행동하는 것을 말합니다.

영은 3요소로 이루어져 있으며

영의식의 확장을 통해

우주의 전체의식으로 연결될 수 있습니다.

거룩한 영을 통해 하늘과 소통하며

진리의 영을 통해 진리를 인식하며

사고조절자를 통해 내가 물질 세상에 나온

역할과 임무를 찾아가는 것입니다.

4부

영의식의 확장과 영혼의 진화

영의식과 혼의식

사람은 누구나 영혼이 있습니다.
사람에게는 영 에너지가 발현되어 나타나는
초자아(super ego)가 있습니다.
사람에게는 혼 에너지가 발현되어 나타나는
에고(ego)가 있습니다.
사람에게는 영의식과 혼의식이 있습니다.

영의식은 순수한 에너지입니다.
영의식을 결정하는 것은 사고조절자입니다.
혼의식은 영의 물질 체험을 위해 영을 보호하기 위해
조물주의 조물 작용에 의해 탄생되었습니다.
혼의식은 물질 체험을 위해 존재하며
영의식은 창조주의 의식에 연결되어 있으며
창조주의 의식을 전체의식이라고 합니다.

영의식은
내 몸안에 존재하면서
나의 상위자아를 통해 우주의 전체의식과 연결되어 있으며
한번도 분리되고 끊어진 적이 없는
창조주의 에너지이며
창조주의 의식을 말합니다.

혼의식은
영혼의 물질 체험을 위해
물질세계에 설치되어 있는
물질 매트릭스를 리얼하게 체험하기 위해
영이 입은 외투인 동시에
욕심과 욕망을 일으키도록
혼에 새겨진 프로그램된 에너지입니다.

내 안에 있는 큰 나는 바로
전체의식과 연결되어 있는 영의식이며
나의 상위자아이며
나의 본영을 말합니다.
내 안에 있는 작은 나는
나의 에고와 연결되어 있는 혼의식입니다.

셀프티칭의 궁극적인 목표는
자신의 상위자아와의 만남을 통해
생각 멈추기와 부정성 털어내기를 통해
영의식이 주관하는 큰 나가
혼의식이 주관하는 작은 나를
셀프티칭하게 하는 것입니다.

사람이 세상을 산다는 것은
혼의식으로 사는 것이며
혼의식으로 살 수밖에 없는 것입니다.

사람이 산다는 것은
물질세계에 대한 집착과
옳고 그름의 정의의 매트릭스 속에서
다양한 사회적 가면을 쓰고
살아갈 수밖에 없는 것입니다.
영혼의 물질 체험이란 그런 것입니다.

혼의식이 주관하는 셀프티칭과 생각 멈추기는
에고의 감옥에 갇혀 있는
허위의식에 불과합니다.
혼의식이 주관하는 생각 멈추기는
작은 나를 꺼내서
작은 나를 가르치는 모순에 불과합니다.

영의식과 혼의식은
매 순간 나의 삶의 영역에서 충돌하고 있습니다.
영의식과 혼의식은
매 순간 나의 삶의 영역에서
대립과 갈등 속에서
온갖 번뇌와 고통을 생산하고 있습니다.
내 안의 작은 나인 혼의식과
내 안의 큰 나인 영의식을 통해
영혼은 혼의식(어둠의 속성)과 영의식(빛의 속성)의
다양한 스펙트럼을 경험하면서
영혼의 물질 체험을 통해 성장하고 있는 것입니다.

셀프티칭이란

영의식이 잘 확장할 수 있도록 돕는 기술이며

혼의식이 두려움을 회피하기 위해 하는

일련의 방어기제들을

눈치채고 알아챔을 통해

다른 누군가가 아니라

오직 스스로의 의식의 각성을 통해

부정적인 에너지를 놓아주고

부정적인 에너지를 이해하고 용서하고

부정적인 에너지의 근원을 찾아

치유하는 것입니다.

셀프티칭은

내 안에 있는 큰 나를 통해

참 좋은 당신을

당신 스스로 만드는 기술인 것입니다.

혼의식의 정화

영은 물질 체험을 하는 동안
상처를 입지 않습니다.
영은 물질 체험을 하는 동안 안전하게 보호되며
영은 물질에 비해 진동수가 높아서
물질로부터 영향을 받지 않습니다.

혼은 영이 물질 체험을 위해
걸치는 외투에 비유할 수 있습니다.
외출을 하고 돌아온 외투에 때가 끼듯
혼은 물질 체험을 하게 되면
혼은 물질세계의 영향을 많이 받게 됩니다.

혼 에너지는 물질 체험을 하는 동안에
부정성과 카르마의 영향을 받습니다.
혼 에너지에 부정적인 에너지가 축적됩니다.
풀지 못한 인간의 한은
혼 에너지에 부정적인 에너지의 형태로 축적됩니다.
내 몸의 세포 하나 하나에
검은빛 에너지의 형태로 축적된
부정적인 에너지와 상념체들은
인간이 죽은 후에는 혼 에너지에 저장이 됩니다.

혼 에너지에 저장된 에너지들은
카르마나 상념체의 형태로 남아서
다음 생에 영향을 미치게 됩니다.

혼의식은 부정성이라는 감정체와
두려움으로 상징되는 에고로 나타납니다.
사람이 물질세계를 사는 동안에
물질의 결핍과 부족이라는 의식속에서 살면서
두려움과 공포의 부정성의 에너지는
혼의식의 수레바퀴를 굴리게 됩니다.

영혼의 물질 체험이 시작되면
혼의식에 부정성과 에고가 발생합니다.
혼의식과 한몸이 되어 있는 부정성과 에고는
나와 늘 함께하다 보니
나의 생각과 감정으로
내 의식이라고
그렇게 믿고 살고 있습니다.

혼의식이 물질의 매트릭스속에 갇히고 나면
다른 것을 보고
다른 것을 듣고
다른 것을 생각한다는 것은
그리 쉬운 일이 아닙니다.

영혼의 물질 체험을 하고 있는 인간이
물질의 매트릭스속에 살고 있는 인간이
혼의식이 지닌 감정체의 부정성과
에고의 영향을 받고 있는 인간이
다른 것을 보고
다른 것을 생각한다는 것은
낙타가 바늘귀를 통과하는 것만큼 어려운 것입니다.
물질 매트릭스에 갇혀 살고 있는 인간이
눈에 보이는 것만을 믿고 살고 있는 인간이
물질의 매트릭스를 깨고
우주의 진리를 찾고 발견한다는 것은
어렵고도 힘든 과정입니다.

어제와 같은 오늘을 살고
오늘과 같은 내일을 살고 있는 사람이
자신의 부정성을 인지하고
부정성의 근원이 나의 혼의식에 있음을
눈치채고 알아챈다는 것은 힘든 일입니다.
사회적 일탈 행동을 하거나
특이한 돌출 행동을 하기 전에는
혼의식에 잠재되어 있는
부정성과 에고를 파악한다는 것은 힘든 일입니다.

의식의 각성없이는
알아챌 수도 눈치챌 수도 없습니다.

셀프티칭이란

영의식이 혼의식을 관찰하고 객관화하면서

부정성들이 드러날 때마다

꼬여 있고

엉켜 있고

뒤틀려 있는

부정성과 에고의 두려움의 에너지들을

풀어주고

달래주고

이해하고

사랑하고 품어주면서

흘려보내는 기술입니다.

최고의 셀프티칭은

의식의 각성입니다.

의식의 각성을 전제하지 않은 셀프티칭은

또 하나의 에고의 강화나

에고의 다양한 위장술에 속을 가능성이 높습니다.

의식의 각성이란

영의식이 혼의식을 관찰하고

영의식이 혼의식을 리드하고

셀프티칭하는 과정임을 이해하시기 바랍니다.

영의 3요소와 우주의 삼위일체

영의식이라 함은
영이 가지고 있는 의식을 말합니다.
우리 모두는 영을 가지고 있는 창조주의 자녀이며
모든 물질세계에 나투어진 삼라만상이
영(靈) 아닌 것이 없습니다.
삼라만상은 영이 입은 외투입니다.
만물은 신성한 영을 가진 존재들입니다.
영은 영의식 시스템으로 통합되어 있는데
이것을 전체의식이라고 합니다.
인간은 자신의 상위자아를 통해
우주의 전체의식속에 함께하고 있습니다.

영은 진리의 영과 거룩한 영과
사고조절자로 구성되어 있습니다.
이것을 영의 3요소라 합니다.
영의식의 발현은 진리의 영과 거룩한 영(성령)과
사고조절자에 의해 이루어집니다.

진리의 영은 우주 아버지라 불리는 에너지를 말하며
하늘을 상징합니다.
창조주의 남성성과 그 에너지를 상징합니다.

거룩한 영은 우주 어머니라 불리는 에너지를 말하며
땅을 상징합니다.
창조주의 여성성과 그 에너지를 상징합니다.

사고조절자는 대우주를 주관하고 있는
창조주 = 조물주 = 창조근원 = 비로자나 = 미륵의 에너지를
상징합니다.

우주의 삼위일체는
우주 아버지와 우주 어머니와 창조주를 말합니다.
우주 아버지는 창조주의 남성성을 상징하는
창조주의 에너지입니다.
우주 어머니는 창조주의 여성성을 상징하는
창조주의 에너지입니다.
창조주는 창조주의 남성성과 여성성이 포함된
창조주의 고유한 에너지입니다.

영은 진리의 영을 통해 진리를 인식하게 됩니다.
영은 거룩한 영을 통해 하늘과 소통하게 됩니다.
영은 사고조절자를 통해 영의 고유성이 결정됩니다.

영은 물질 체험을 하기 위해
혼 에너지와 결합하여 영혼이 됩니다.
영혼은 물질 체험을 하기 위해
영혼의 옷을 입게 됩니다.

영혼이 인간의 옷(몸)을 입었을 때
사람이라고 합니다.

인간의 몸은
영혼백으로 되어 있습니다.
영은 영의 3요소를 말하며 영의식이 됩니다.
혼은 혼의식 매트릭스와
혼의식 프로그램을 통해 혼의식이 됩니다.
백은 인간의 몸(육체)을 말합니다.
인간은 영혼백의 에너지로 탄생됩니다.
인간의 정신작용은 영혼이 담당합니다.
인간의 몸은 영혼이 입는 외투(옷)입니다.

우주적 신분이 높은 영일수록
높은 영의식을 발현할 수 있습니다.
진정한 셀프티칭이란
영의식이 혼의식을 코칭 또는
티칭하는 것을 말하는 것입니다.
우주적 신분이 높은 고차원의 영혼일수록
영의식의 발현이 큽니다.
영의식은 물질 체험을 하는 영혼에게
나침반이나 네비게이션의 역할을 하게 됩니다.

인간의 내면에는
영의식과 혼의식이 모두 자리잡고 있습니다.

내면으로 향하라는 의미는
내면에 있는 영의식을 깨우라는 것을 말합니다.

내면에 있는 진리의 영에는
진리의 씨앗이 들어 있습니다.
내면에 있는 진리의 씨앗은
진리를 만났을 때
진리를 들었을 때
진리를 보았을 때
진리에 공감하고 공명하게 될 것입니다.
내면에 있는 진리의 영을 깨워
혼의식에서 발생하는 인간의 에고와
부정성들을 정화하는 것이
셀프티칭이 갖는 우주 철학적 의미입니다.

내면에 있는 거룩한 영에는
하늘과 소통하고 하늘과 공명할 수 있는
성령(聖靈)이 함께하고 있습니다.
내면에 있는 성령을 깨워
성령을 통해 하늘과 소통하고 하늘의 축복을 받는 것이
셀프티칭의 중요한 방법입니다.

내면에 있는 사고조절자를 깨워
내가 물질 세상에 나온 역할과 임무를
잘 찾아가도록 해야 합니다.

내면에 있는 영이 가지고 있는 영의식을 깨워

욕심과 욕망으로 가득 차 있고

본능에 따라 성욕에 따라 살고 있으며

눈에 보이는 것만을 믿으며 살아가도록 안내하는

혼의식을 정화하고

부정적인 생각을 멈추게 하는 것이

셀프티칭이 갖는 의미입니다.

영의식과 소통하여

혼의식을 정화하여

자신의 본성(신성)을 회복하여

영의 3요소를 깨워

전체의식과 공명하는 것이

진정한 셀프티칭인 것입니다.

성령의 비밀

성령(聖靈)은
인류의 의식 수준에서는
신의 선물이며 신의 축복이라고 알고 있습니다.

성령은
하늘의 입장에서는
영을 구성하는 3가지 요소 중 하나인
거룩한 영을 말합니다.

성령은
인류의 의식 수준에서는
성스러운 영이라는 뜻으로
성령이 임한다는 것은
하나님이 나와 함께 한다는 것이며
예수님이 나와 함께 한다는
믿음의 표식과 축복의 표식입니다.

하늘의 입장에서 보면
성령이 임한다는 것은
영의 삼위일체 중 하나인
거룩한 영이 깨어나는 것을 의미합니다.

인류의 의식 수준에서
성령이 임한다는 것은
하늘이 나의 죄를 용서하고
하늘이 나의 기도를 들어주었음을 의미하며
하늘의 축복이 나와 함께하고 있다는 것을 상징하는 증표라고
그렇게 알고 있으며 그렇게 믿고 있습니다.

하늘의 눈높이에서 보면
성령이 임한다는 것은
거룩한 영이 깨어나 활동을 시작함을 의미합니다.
거룩한 영은 느낌과 직관과 영감 등의
영적 능력을 발현시키는 에너지입니다.

하늘의 눈높이에서 보면
성령이 충만하다는 것은
느낌을 통해 사물의 본질을 꿰뚫어 볼 수 있는 능력이
발현되는 것입니다.
직관을 통해 사물의 본질을 그냥 아는 것이며
영감을 통해 사물의 본질에 동기감응하는
영적인 능력이 발현되었음을 의미합니다.

인류의 의식 수준에서
성령이 충만하다는 것은
신이 나를 특별히 사랑하고 있음을 알려주는 증표로
그렇게 알고 있으며 믿고 있습니다.

인류의 의식 수준에서
성령이 충만하다는 것은
내가 하늘로부터 사랑받고 있다는 증거이며
내가 하늘로부터 인정받고 있다는 증거로 알고 있습니다.

하늘의 눈높이에서 보면
성령이 충만하다는 것은
의식이 깨어나는 과정이며
의식이 확장되는 과정이 시작된 것을 말합니다.
같은 시간에 같은 공간에서
똑같은 것을 보고 들었을 때
예전과는 다른 방식으로 사물을 이해하고
예전과는 다른 방식으로 세상을 이해하고
예전과는 다른 방식으로 타인을 이해할 수 있을 때를
거룩한 영(성령)이 깨어났다고 하며
성령이 임했다라고 합니다.

인류의 의식 수준에서
성령이 임한다는 것은
신비 체험을 하고 방언을 하고
병을 치유할 수 있는 권능을 받는 것을 의미합니다.

우주의 입장에서
성령이 충만하다는 것은
하늘과 인간이 서로 소통이 시작되었다는 것을 의미합니다.

하늘의 입장에서
거룩한 영이 깨어났다는 것이며
거룩한 영과 삼위일체로 연결되어 있는
진리의 영과 사고조절자를 깨울 수 있는
시절인연이 시작되었음을 의미합니다.

인류의 의식 수준에서
성령이 충만하다는 것은
사람의 자녀에서 신의 자녀로
거듭 태어나는 것을 의미합니다.
인류의 의식 수준에서
성령이 충만하다는 것은
사람의 자녀에서 그리스도의 자녀로
땅의 사람에서 영적인 사람이 된 것을 의미합니다.

우주의 입장에서
성령이 충만하다는 것은
의식이 깨어나는 것이며
의식이 늘 깨어있다는 것이며
메타(meta) 인지의 상태에 있다는 것을 의미합니다.

우주의 입장에서
성령이 충만하다는 것은
영이 깨어나는 것이며
영의식이 깨어나는 것이며

진리의 영이 깨어나는 것이며
사고조절자가 깨어나는 것이며
우주의 차원의 문을 여는 것입니다.

하늘의 입장에서
성령이 임한다는 것은
상위자아 합일을 의미하며
인신합일을 의미합니다.

하늘의 입장에서
성령이 임한다는 것은
하늘이 하늘 사람에게
하늘 사람임을 알려주는 증표입니다.

천지 신명의 비밀

천지 신명(天地 神明)은
우주의 삼위일체를 말합니다.

우주의 삼위일체는
영을 구성하는 3가지 에너지를 말합니다.

영은
사고조절자와
진리의 영과
거룩한 영이라는
3가지 에너지로 탄생됩니다.

영의 3가지 파장은 황금색입니다.
사고조절자가 가장 짙은 황금색이며
진리의 영이 중간 밝기의 황금색이며
거룩한 영은 가장 옅은 황금색입니다.

사고조절자는 창조주의 빛입니다.
진리의 영은 우주 아버지의 빛입니다.
거룩한 영은 우주 어머니의 빛입니다.

영은
창조주의 빛과
우주 아버지와
우주 어머니의 빛으로 구성되어 있습니다.
3개의 에너지가 하나가 되어
독립성과 개체성을 가진 영이 탄생됩니다.
이것을 영의 삼위일체 또는 우주의 삼위일체라고 합니다.

영은 하나지만 셋으로 되어 있다는 것을
우리 조상들은 알고 있었으며
천지 신명이라는 말을 사용하였습니다.
천은 우주 아버지를 말하는 것이며
지는 우주 어머니를 말하는 것이며
신명은 창조주께서 주신 사고조절자를 말하는 것입니다.

천지 신명이란
영의 삼위일체를 의미하며
우주의 삼위일체를 말합니다.

서양에서는 기독교의 영향을 받아
성부와 성자와 성령을 삼위일체라고 인식하였습니다.
창조주를 성부로 인식하였으며
우주 아버지를 성자로 인식하였으며
우주 어머니를 성령으로 인식하였습니다.

우리 조상은
인간의 육신을 입고 살고 있는 나에게
하늘은 나를 낳아준 아버지와 같은 존재로
땅은 나를 길러주는 어머니와 같은 존재로
인식하였습니다.

하늘은 나를 낳고
땅은 나를 기르고
하늘과 땅 사이에
내가 신명(천명)을 받고 태어나 살고 있다고
우리 조상들은 인식하였습니다.

천지 신명이 갖는 우주의 비밀을
우데카 팀장이 전합니다.

우주의 삼위일체의 법칙

우주는 3가지 에너지로 구성되어 있습니다.
우주를 구성하고 있는 궁극적인 에너지는
모두 3개로 구성되어 있으며
3개가 하나로 통합되어 있습니다.
이것을 우리 조상들은 삼황이라 알고 있었습니다.
천·지·인 삼재 사상으로도 알고 있습니다.
삼황 사상은 하늘과 땅 그리고 인간을 말합니다.
삼황 사상은 우주의 삼위일체 법칙을 말합니다.

우주의 삼위일체의 법칙은
우주의 가장 근본적인 에너지 법칙이며
영의 탄생과 영의 진화와 관련된 법칙이며
생명의 탄생과 생명체의 진화를 담고 있는
우주 창조의 근본적인 법칙입니다.

하늘이 있고 땅이 있기에 인간이 있는 것입니다.
하늘은 보이지 않는 세계를 상징하며
땅은 보이는 세계를 상징하며
인간은 생명체 중에 가장 고귀한 존재인
인간을 상징합니다.

우주는 물질과 반물질과 암흑물질로 되어 있습니다.

우주는 빛의 세계와 중간계의 세계와

어둠의 세계로 되어 있습니다.

우주는 3개의 에너지에 의해 창조되었습니다.

우주의 삼위일체의 근원은

첫번째 창조근원의 에너지입니다.

우주의 삼위일체의 근원은

두번째 창조근원의 에너지입니다.

우주의 삼위일체의 근원은

세번째 창조근원의 에너지입니다.

세분의 창조근원의 에너지는

네번째 창조근원의 에너지에 통합되어 있습니다.

다섯번째 창조근원은 네번째까지의 모든 에너지를

통합하여 존재하고 있습니다.

7번째 대우주를 주관하고 있는 창조주는

9번째 창조근원입니다.

9번째 창조근원은 8분의 창조근원을 모두 포함하고 있으며

자신만의 고유한 에너지를 가지고 있습니다.

우주의 삼위일체 중 첫번째 창조근원은

창조주 에너지를 대표합니다.

우주의 삼위일체 중 두번째 창조근원은

우주 아버지의 에너지를 대표하며

남성성을 상징합니다.

우주의 삼위일체 중 세번째 창조근원은
우주 어머니의 에너지를 대표하며
여성성을 상징합니다.
영원 어머니 또는 마고 할머니라고도 합니다.

우주의 삼위일체에 의해
대우주는 운영되고 있습니다.
3개의 에너지가 하나가 되어 독특한 에너지가 탄생합니다.

기독교에서는
성부와 성자와 성령을 말하고 있습니다.
성부 ⇒ 사고조절자 ⇒ 창조주 ⇒ 아버지 하나님
성령 ⇒ 거룩한 영 ⇒ 우주 어머니 ⇒ 성모 마리아
성자 ⇒ 진리의 영 ⇒ 우주 아버지 ⇒ 예수님

불교에서는
불(佛) ⇒ 비로자나 ⇒ 창조주
법(法) ⇒ 석가모니 ⇒ 우주 어머니
승(僧) ⇒ 불보살 ⇒ 우주 아버지

인간의 몸은 영혼백의 삼위일체로 되어 있습니다.
영의식은
진리의 영 ⇒ 우주 아버지 (두번째 창조근원)
거룩한 영 ⇒ 우주 어머니 (세번째 창조근원)
사고조절자 ⇒ 창조주 (첫번째 창조근원)

혼의식은

혼 에너지 ⇒ 창조주 ⇒ 창조주의 에너지

혼의식 매트릭스 ⇒ 우주 아버지 ⇒ 지역 우주 창조주의 남성 에너지

혼의식 프로그램 ⇒ 우주 어머니 ⇒ 지역 우주 창조주의 여성 에너지

백 에너지는

선천지신(先天之神) ⇒ 창조주 ⇒ 무극의 에너지

선천지기(先天之氣) ⇒ 우주 아버지 ⇒ 양의 에너지

선천지정(先天之精) ⇒ 우주 어머니 ⇒ 음의 에너지

우주의 기본수는 3이며

우주의 중앙수는 5입니다.

6번째 우주의 기본 법수는 12이며

7번째 우주의 기본 법수는 15입니다.

우주는 정교한 에너지의 법칙속에 있습니다.

영혼백의 구성 원리

우주는 삼위일체의 법칙으로 존재합니다.
인간의 몸에서는 영혼백 에너지입니다.

영은 진동수가 제일 높은 에너지입니다.
영은 진리의 영과 거룩한 영과 사고조절자로 구성되어 있습니다.
영은 진리의 영과 거룩한 영과 사고조절자의
3개의 에너지가 삼위일체가 될 때
온전한 영이 탄생됩니다.

영은 우주에서 순수하고 고결한 에너지입니다.
진리의 영은 우주 아버지의 에너지입니다.
진리의 영은 하늘을 상징하는 에너지입니다.
거룩한 영은 우주 어머니의 에너지입니다.
거룩한 영은 여성성을 상징하는 에너지입니다.
사고조절자는 대우주의 주재자인 창조주의 에너지입니다.

인간의 몸에 들어온 영은
심장과 척추 사이에 있는 차원간 공간에 자리잡고 있으며
동양의학에서는 영이 머무른다고 알려진 영대혈이 있는 곳입니다.
영대(靈臺)혈 부근에 있으면서
심장과 심포를 통해 영의식을 펼치고 있습니다.

인간의 몸에 들어와 있는 혼은
영의 물질 체험을 도와주기 위해
영을 보호하기 위해 존재합니다.
인간의 몸에 들어와 있는 혼은
간(肝)이 있는 차원간 공간에 존재하고 있습니다.
혼의식은 간이라는 장기를 통해 자신을 드러냅니다.
혼 에너지의 진동수는 영 에너지보다는 낮고
백 에너지보다는 높습니다.

혼은 혼의식 매트릭스와 혼의식 프로그램
그리고 혼 에너지로 되어 있습니다.
혼 에너지는 창조주께서 주시는 에너지입니다.
혼의식 매트릭스는 우주 아버지께서 주시는 에너지입니다.
혼의식 프로그램은 우주 어머니께서 주시는 에너지입니다.

혼의식 매트릭스는 혼을 둥글게 둘러싸고 있습니다.
혼의식 매트릭스는 모눈종이 모양입니다.
모눈종이의 눈금이 3단계로 구성되어 있습니다.
빛·중간·어둠의 3개의 모눈종이가 있습니다.
모눈종이의 눈금이 촘촘하면 촘촘할수록
빛의 굴절률이 크게 나타나게 됩니다.
빛의 굴절률이 크면 클수록
사물에 대한 인식의 왜곡과 오류가 큽니다.
빛의 굴절률이 크면 클수록
정보에 대한 인지의 오류가 크게 나타납니다.

혼의식 매트릭스가 촘촘하면 촘촘할수록
사물의 본질에 접근하기가 어렵습니다.
혼의식 매트릭스가 촘촘하면 촘촘할수록
삐딱한 사람이 삐딱하게 세상을 인식하며
메타(meta) 인지가 되지 못하고
눈에 보이는 것만 믿게 되고
단층적이고 직선적인 사고를 하게 됩니다.

혼의식 프로그램은
혼을 구성하는 중요한 인자입니다.
혼의식 프로그램은 사람의 성격을 결정짓는
가장 중요한 요소입니다.
사람의 감정과 의식을 구현하는 전형적인 패턴들이
프로그램되어 있으며
사회가 고도화되고 복잡해질수록
혼의식의 프로그램도 다양하게 설치가 되어
다양한 성격을 가진 인간 군상들이
혼의식 프로그램에 의해 탄생이 됩니다.

혼 에너지는
혼의식 매트릭스와
혼의식 프로그램을 운영할 수 있는
에너지원인 동시에
하드웨어 역할을 담당하고 있습니다.

백 에너지는

선천지신과 선천지기와 선천지정의 에너지로 구성되어 있습니다.

3가지 에너지가 하나로 되었을 때를

백 에너지 또는 몸의 정령(精靈)이라고 합니다.

백 에너지는 진동수가 제일 낮은 에너지입니다.

백 에너지는

행성의 가이아의 게(Ge) 에너지를 말합니다.

백 에너지는

행성 가이아의 게(Ge) 에너지에 들어있는

창조주의 에너지를 선천지신이라고 합니다.

행성 가이아의 게(Ge) 에너지에 들어있는

우주 아버지의 에너지를 선천지기라고 합니다.

행성 가이아의 게(Ge) 에너지에 들어있는

우주 어머니의 에너지를 선천지정이라고 합니다.

선천지신(先天之神)은

행성 가이아의 게(Ge) 에너지 중에

우주의 삼위일체 중 창조주의 에너지를 말합니다.

심장의 차원간 공간에 존재하고 있으며 인간이 태어날 때 받습니다.

다 쓰고 소진되면 심장이 멈추게 됩니다.

선천지기(先天之氣)는

행성 가이아의 게(Ge) 에너지 중에

우주 아버지의 에너지를 말합니다.

폐의 차원간 공간에 배터리 모양으로
주머니 모양에 빛이 저장되어 있습니다.
인간이 태어날 때 받습니다.
다 쓰고 소진이 되면 호흡이 멈추게 됩니다.

선천지정(先天之精)은
행성 가이아의 게(Ge) 에너지 중에
우주 어머니의 에너지를 말합니다.
생명의 근원이 되는 에너지입니다.
몸을 가진 인간이 가장 많이 필요로 하는 에너지입니다.
신장의 차원간 공간에 존재하고 있습니다.
다 쓰고 소진이 되면
장부의 급격한 노화와 함께 모든 질병의 원인이 됩니다.
다 쓰고 소진이 되면
후천지정(後天之精)의 축정이 어렵게 되어 죽게 됩니다.

노인분들이 회춘을 하거나
다 죽어가던 사람이 갑자기 의식을 회복하거나
성인병들이 감쪽같이 사라지거나
불치병과 난치병이 치유가 되는 경우
세상에서 도저히 일어날 수 없는 일이 인간의 몸에서 일어났다면
하늘에 의해 백 에너지 3종 셋트의 주입이 일어났기 때문입니다.
백 에너지 3종 셋트인
선천지신과 선천지기와 선천지정의 에너지는
이적과 기적을 일으키는 중요한 에너지입니다.

인간의 생명력은
백 에너지가 주관하고 있습니다.
인간의 감정과 욕망의 세계는
혼의식이 주관하고 있습니다.
인간의 정신작용과 창조 활동은
영의식이 주관하고 있습니다.

인간이 본영과의 합일을 위해서는
인간이 높은 차원의 상위자아와의 합일을 이루기 위해서는
영혼백 에너지의 정렬이 반드시 필요합니다.
영혼백 에너지의 정렬은
영혼백 에너지 사이에 불필요한 것들을 정리하고
최적화된 진동수 범위 안에서
에너지 파장을 조율하는 것을 의미합니다.
인간이 죽으면
영과 혼은 영계로 들어가서 정화와 휴식의 시간을 갖습니다.
인간이 죽으면
육신을 구성하고 있던 뼈와 살과 장부들은
썩어서 원소 정령으로 돌아갑니다.
인간이 죽으면
백 에너지는 영계에 들어가 치유와 정화의 시간을 갖습니다.

시절인연이 있는 인자들을 위해
인간의 삼위일체인 영혼백 에너지의 구성 원리를 전합니다.

영의 여행과 영혼의 여행

영이 물질 체험을 하기 위해서는
영은 혼이라는 에너지와 인간이라는 몸(옷)을 받아
물질의 세계로 영혼의 여행을 떠나게 됩니다.
영혼은 영과 혼 에너지의 결합입니다.
영혼은 비물질의 에너지체이며
영혼이 몸이라는 외투(옷)를 입어야
영의식과 혼의식을 가진 생명체로 태어나는 것입니다.

영은 혼 에너지 없이 영의 여행을 할 수 있습니다.
영의 여행은
무극과 태극의 세계(13차원 이상)에 있는 에너지체들이
영의식을 가지고 하늘의 일을 하고 있을 때를 말합니다.

영이 혼 에너지를 만나 영혼의 옷인 몸을 받지 않고
비물질 에너지체로서 12차원 이하에서 하늘의 일을 할 때도
영의 여행이라고 합니다.
인류가 천사나 사탄이라고 알고 있는 분들은
영의 여행을 하고 있는 하늘의 행정직 공무원들인
비물질 에너지체들입니다.
인류가 귀신과 악마라고 알고 있는 존재들 역시
영의 여행을 하고 있는 하늘의 비물질 에너지체들입니다.

비물질 에너지체들이
영의 여행을 위해서 결합되는 혼 에너지는
영혼의 여행을 위해 결합되는 혼 에너지에 비해
매우 순수하고 맑고 투명한 혼 에너지입니다.
영을 보호하기 위한 보호막의 역할입니다.

영혼이 인간의 몸이라는 그릇에 들어옵니다.
인간의 몸은 영혼의 집이며
인간의 몸은 신성한 영이 거하는 성전입니다.
인간의 몸은 영혼의 여행을 위해 걸치는
성능 좋고 디자인 좋은 외투입니다.

영혼의 여행은
영이 물질 체험을 하기 위해
혼 에너지라는 외투를 걸치게 됩니다.
행성에 설치된 물질 매트릭스를 견뎌내기 위해
혼이라는 외투와 함께
인간의 몸이라는 외투를 모두 입어야
영혼의 여행을 할 수 있는 것입니다.

영의 여행은 에너지체들이 하는 여행이며
영혼의 여행은 영혼을 담을 수 있는
영혼의 옷을 입고 하는 것을 말합니다.
우주에서 만들어진 영혼이 입을 수 있는 외투 중에
인간이라는 몸이 가장 최신형이며 최고의 상품입니다.

혼 에너지는 11차원의 에너지입니다.
영이 빛과 어둠을 체험하는
물질 체험을 돕기 위해 창조되었습니다.
혼 에너지는 혼의식으로 나타납니다.

혼은 영과 함께 영혼의 여행을 하면서
진화를 하게 됩니다.
혼이 진화를 하여 일정 정도 커지거나 밝아지면
영으로부터 독립하여 개체성을 가진 존재로
영의 여행이 가능하게 됩니다.
혼이 진화하여
창조주로부터 사고조절자를 부여받으면
독립적인 영이 되어
영혼의 진화를 할 수 있습니다.

혼의식은 영과의 연합속에서
혼의 고유한 진화의 여정속에 참여하고 있으며
독립할 수도 연합하여 갈 수도 있는
독특한 에너지입니다.
혼의식은 감정체를 주관하는데
영보다는 낮은 진동수로 창조되었기에
영보다는 탁하고
에너지 측면에서 영의 밝기와 진동수와는
비교할 수 없을 정도로 낮습니다.

영은 높은 진동수를 가진 빛입니다.
혼은 영에 비해 상대적으로 낮은 진동수를 가진 빛입니다.
영은 영의식을 가지고 있으며
혼은 혼의식을 가지고 있습니다.

셀프티칭의 우주 철학적 의미는
높은 진동수를 가진 영의식을 깨워
낮은 진동수를 가진 혼의식에서 나오는
인간의 에고와 부정성들을
스스로 가르치는 티칭과 코칭을 말합니다.

워크인(walk-in)에 대한 정리

워크인은 인간의 몸에 영과 혼이 들어오는
다양한 방식을 말합니다.
인간의 몸에 영혼백 에너지가 들어오는 과정은 다음과 같습니다.

난자와 정자가 수정이 이루어지는 순간부터
백이라는 에너지는 주입이 됩니다.
백 에너지를 몸의 정령이라고 합니다.
백은 가장 낮은 진동수를 가진 에너지입니다.
백이라는 에너지는 세포 분열을 일으키는
눈에 보이지 않는 에너지입니다.
백이라는 에너지는 인간의 탄생에 마중물과 같은 역할을 합니다.
백 에너지의 작용으로 인하여
인간의 몸은 열달 동안 성장하면서 완성이 됩니다.

아이가 태어날 때 혼 에너지가 들어옵니다.
아이가 태어나 난원공이 막히고 폐순환이 일어나면
아이는 첫울음을 울게 됩니다.
첫울음이 터져 나올 때
혼 에너지가 들어옵니다.
첫울음이 터져 나올 때
영혼이 함께 들어오는 경우도 있습니다.

일반적으로 혼이 태어날 때 먼저 들어오고
영은 머리에 있는 천문(백회)이 닫히기 전에
첫돌을 전후로 해서 들어옵니다.

영이 일찍 들어오지 않는 이유는
혼과 백 에너지의 작용만으로도
소아가 자라고 성장하는데 큰 어려움이 없기 때문입니다.
아이가 자라나면서 말을 배우고 걸음을 걷고
인지 능력이 발달하는 시기에는
혼과 백 에너지만을 가지고는 부족하기 때문에
진동수가 제일 높은 영 에너지가 들어와야
정상적인 신체와 인지 발달이 이루어지게 됩니다.
영 에너지가 들어오는 시기가 늦어지면
인지 장애와 발달 장애가 나타납니다.

백 에너지는
인간의 몸을 구성하고 있는 색의 세계에 존재하는
무형의 기계장치를 작동시킵니다.
백 에너지는
인간의 생리 현상을 주관합니다.

혼 에너지는
인간의 몸을 구성하는 기의 세계에 존재하는
무형의 기계장치를 운행하는 에너지원이며
마스터키와도 같습니다.

혼 에너지는
기경팔맥의 순환과 12경락의 순환을 주관합니다.
혼 에너지는 감정선과 의식선을 작동시킵니다.

영 에너지는
인간의 몸을 구성하고 있는 공의 세계에 존재하는
무형의 기계장치를 운행하는 에너지원이며 마스터키입니다.
영 에너지는 가장 높은 진동수를 가지고 있으며
혼과 백 에너지를 컨트롤합니다.

워크인(walk-in)은
백은 그대로 있으면서
영과 혼이 다른 영과 혼으로 바뀌어 들어오는 경우를 말합니다.
워크인은 고차원의 영혼이
어머니의 자궁을 거쳐 태어나지 않고
태어나서 살고 있는 인간의 몸에
영혼이 바뀌어 들어오는 경우를 말합니다.

워크인은
고차원의 영혼이 인간의 몸에 들어오는
일반적인 방법입니다.
워크인은 몸을 빌려주는 영혼과
몸에 승차하는 영혼 사이의 계약에 의해서만 이루어집니다.
아무때나 아무에게나 아무렇게나
워크인은 일어나지 않습니다.

몸을 빌려주는 영혼은
워크인이 될 때까지만 살도록
예정되어 있는 경우가 일반적입니다.
몸을 빌려주는 영혼과 몸에 새로 들어온 영혼이
함께 동행하는 경우도 존재합니다.
어린 영혼이 오래된 영혼에게 몸을 빌려주고
두 영혼이 일정기간 함께 세상을 사는 경우도 있습니다.
이 경우에도 영혼과의 계약에 의해
하늘의 승인(11차원 환생위원회)을 거쳐서 이루어집니다.

워크인은
나이가 어릴 때 많이 일어납니다.
몸을 빌려주는 사람의 에고가 강하지 않을 때 일어나야
뒤에 들어오는 영혼이
그 몸을 사용하는데 불편함이 없기 때문입니다.

워크인은
몸을 빌려주는 사람의 혼이 나갈 정도의 충격이나
사건이나 사고들이 발생할 때 일어납니다.
교통사고가 크게 나서 의식을 잃고 있을 때
질병으로 의식을 오랫동안 잃거나
전신마취와 같은 수술을 받을 때
연탄가스를 마셔 의식을 잃었다가 깨어나는 경우
나무에서 떨어져 의식을 잃었다가 깨어났을 때와 같이
우연을 가장하여 일어납니다.

워크인이 되어
영혼이 교체되어도 가족들은 눈치채지 못합니다.
워크인 이후에
이전과는 다른 행동이나 이상 행동을 해도
사고 후유증으로 알고 그냥 넘어가기가 쉽습니다.

워크인이 되고 나면
몸에 새로 들어온 영혼은
점차 적응을 하게 됩니다.
새로 들어온 영혼이 몸에 적응이 끝나면
새로 들어온 영혼에 맞는
카르마 에너지장이 설치가 되고
새로 들어온 영혼에 맞는
인생의 프로그램이 시작되는 것입니다.

워크인이 될 때
몸을 빌려주는 영혼과
몸에 새로 들어올 영혼 사이에는
촘촘한 계약 사항들이 태어나기 전 결정되고
보이지 않는 세계에서 계약이 이루어진 후
그 약속대로 일어날 일이 일어나는 것입니다.

고차원의 영혼이 워크인으로 들어오는 경우는
어린 시절의 사건과 사고의 변수를 줄이고
시간을 절약하기 위해서입니다.

워크인의 방법은 다양합니다.
워크인에 동의한 두 영혼 사이에도
다양한 계약들이 존재합니다.
두 영혼 사이에 이해관계가 일치해서 일어나는 것이
워크인입니다.

아무도 모르게
아무도 모르게
워크인의 방법으로
오늘도 고차원의 영혼들이
자신의 삶에 최적화되어 살고 있는 인간의 몸으로
타인의 몸을 빌려서
영혼이 걸어 들어오고 있습니다.

워크인(walk-in)이란
인간의 몸으로
영혼이 걸어서 들어오는 모습을 표현한 것입니다.

영혼이 진화한다는 것이 갖는 의미

영혼이 진화한다고 해서
창조주가 되는 것은 아닙니다.

영혼이 진화를 한다고 해서
예수님의 우주적 신분인
네바돈 우주(우리 은하)의 창조주로
진화하는 것이 아닙니다.
영혼이 진화한다고 해서
부처님의 우주적 신분인 네바돈 은하의
창조주가 될 수는 없습니다.

영혼이 진화한다고 해서
태극의 세계의 영혼이
무극의 세계의 영혼으로 진화하는 것이 아닙니다.
영혼이 진화할 수 있는
최고의 차원은 14차원입니다.

태극의 세계에서 육화된 영혼들과
무극의 세계에서 육화된 영혼들은
영혼의 진화 경로가 일반 영혼과는 다릅니다.
이들 영혼들은 영혼의 진화를 위해서 진화하는 것이 아닙니다.

태극과 무극의 세계에서 온 영혼들은
영혼의 진화가 목적이 아닙니다.
자신이 참여한 프로젝트의 진행과 성공을 위해
영혼의 물질 체험을 하고 있는 특수한 영혼그룹들입니다.

영혼이 진화하여
지역 우주를 졸업하고
태극의 세계를 지나
창조주가 계시는 하보나에 들어갈 수 있다고
영성인들은 그렇게 알고 있으며
영성인들은 그렇게 믿고 있습니다.
인류의 의식 수준의 눈높이에서 마사지되고
오염되고 각색된 내용일 뿐입니다.

대우주의 구조를 모르던 시절
인류의 의식의 눈높이에서 주어진 하늘의 메시지입니다.
영혼은 16차원에서 탄생이 이루어집니다.
16차원 이상은 무극의 세계이며
창조주들의 세계이며
지역 은하의 창조주들의 세계이며
우주 최고 관리자들이 머물고 있는 특수한 차원입니다.

영혼은 탄생될 때부터
일반 영혼과 행성의 영단을 관리하는 영혼으로 구분되어
탄생이 이루어집니다.

일반 영혼들이 진화할 수 있는 최고의 차원이
14차원입니다.
영단 관리자 영혼 그룹들이 진화할 수 있는 최고의 차원은
13차원입니다.

15차원은
항성(태양)들을 관리하는 특수한 차원이기에
일반 영혼들과
행성 영단의 관리자들이 머물 수 없는 차원입니다.

영혼이 진화하는데 걸리는 시간은
인류의 의식 수준으로 이해하기 어려운 영역입니다.
8차원 6단계의 은빛 영혼이
8차원 7단계로 진화하는데 걸리는 시간은
지구 시간으로 백만 년 정도의 시간이 흘러야 합니다.
12차원 6단계의 노란빛 영혼이
12차원 7단계로 진화하는데는
지구 행성의 시간으로 약 2백만 년 이상의 긴 시간이 필요합니다.
그것도 정상적으로 진화가 이루어질 때나
따져볼 수 있는 이야기입니다.
그만큼 영혼의 진화 과정은
오랜 시간이 걸리는 과정이며
영혼마다 진화 경로가 다르며
영혼마다 고유한 특성이 존재합니다.

영혼이 진화한다는 것은
영의 3요소인
진리의 영과
거룩한 영과
사고조절자의 에너지가 확대된다는 것입니다.

영혼이 진화한다는 것은
진리의 영이 더 밝게 빛나고 더 커지고
진리의 영의 밀도가 높아진다는 것을 의미합니다.

영혼이 진화한다는 것은
거룩한 영이 더 밝게 빛나고 더 커지고
거룩한 영의 밀도가 높아진다는 것을 의미합니다.

영혼이 진화한다는 것은
영혼의 물질 체험을 통해 얻어진
후천적 사고조절자가 풍부해진다는 것을 의미합니다.

영은 탄생될 때 고유의 색상이 있습니다.
영혼이 처음 탄생이 되면
인펀드(infant) 소울 또는
베이비(baby) 소울이라고 합니다.
영혼의 색은 흰빛으로 나타납니다.
노란빛이 거의 없으며
투명하고 흰색의 영혼입니다.

영혼은

흰빛 영혼 ⇒ 은빛 영혼 ⇒ 핑크빛 영혼 ⇒ 노란빛 영혼

⇒ 녹색빛 영혼(14차원) ⇒ 남청색 영혼(17차원)

⇒ 보랏빛 영혼(18차원)으로 구분이 됩니다.

보라색의 밝기와 밀도에 따라 자미원에서의 신분이 구분됩니다.

대우주의 한 주기가 지나는 동안

영혼이 진화한다고 해도

한 차원 이상 진화하기란 매우 어렵습니다.

영혼이 진화하면 진화할수록

진화의 속도가 늦어지게 됩니다.

영혼이 진화하면 할수록

우주적 신분은 상승이 됩니다.

영혼이 진화하면 할수록

영혼의 사고조절자가 많아지게 됩니다.

영혼이 진화하면 할수록

영혼이 담당할 수 있고 소화할 수 있는

배역이 증가하게 됩니다.

영혼이 진화하면 할수록

유능한 배우가 되는 것입니다.

에너지체인 천사들은

영혼의 진화를 하지 않는 그룹들입니다.

에너지체인 천사들은

그들만의 영의 여행과 영의 진화를 하게 됩니다.

에너지체인 천사들의 우주적 신분은
차원에 따라 결정이 됩니다.

에너지체들인 천사들은
인간의 사고 체계와는 전혀 다른 의식을 가지고 있으며
하늘의 일을 행정적으로 집행하는 하늘의 공무원에 해당됩니다.
에너지체들인 천사들 중
땅에 내려와서 인간의 몸에 들어와서
인간의 생활 전반에 영향을 미치고 있는 존재들이 있는데
이들을 인류의 의식 수준에서는
사탄, 귀신, 마귀, 수호천사 등으로 알려져 있습니다.
에너지체인 천사들은 자신이 가진 파장과 진동수에 의해
명령체계가 이루어지고 있습니다.

에너지체인 천사들은
감정이 없기에 다툼도 없으며 시기와 질투도 없습니다.
에너지체인 천사들은
오직 사고조절자에 의해 입력되고
프로그램된 내용대로 실행하는 인공지능과도 같습니다.
에너지체인 천사들은
물질 체험을 하지 않습니다.
에너지체인 천사들은
우주를 관리하고 행성을 관리하고 있으며
인간의 삶에 관여하고 있는
하늘의 행정 업무를 맡고 있는 공무원에 비유할 수 있습니다.

일반 영혼과 영단을 관리하는 책임자들이
영혼의 물질 체험을 할 수 있습니다.
대부분의 천사들은 에너지체로서
전체의식 속에서 자신의 고유한 업무를 수행하고 있습니다.

영혼이 물질 체험을 할 수 있다는 그 자체가
영혼들에게는 축복입니다.
영혼이 진화한다는 것은
창조주께서 펼쳐 놓은
물질 세상에 펼쳐 놓은 삼라만상을
다양한 생명체의 옷을 입고 체험한다는 것을 말합니다.
영혼이 진화한다는 것은
창조주께서 대우주에 펼쳐 놓은 에너지를
인간의 몸을 통해 체험한다는 것을 말합니다.

영혼이 진화한다는 것은
정보화된 감정을 느끼는 것이 아닌
리얼한 감정을 체험하는 것입니다.
영혼이 진화한다는 것은
안정적이고 관념적인 감정을 느끼는 것이 아닌
외투를 입은 종이 느낄 수 있는 감정의 최대치를
경험하고 체험할 수 있다는 것입니다.

에너지체(천사)들은 인간이 경험할 수 있는
감정의 10% 정도밖에 느낄 수 없습니다.

영혼이 영혼의 옷을 입고
물질 체험을 통해 진화를 한다는 것은
다양한 감정이라는 에너지를 느끼고 체험하는 과정입니다.
영혼이 진화를 한다는 것은
의식의 고도화를 통해 창조할 수 있는 능력을
배우고 체험하는 과정입니다.
천사들은 컴퓨터처럼 프로그램된 범위 내에서만
창조할 수 있을 뿐입니다.

영혼이 진화한다는 것은
알파고로 살 것인가
이세돌로 살 것인가에 대한 물음과도 같습니다.
당신의 영혼은 알파고의 진화 여정이 아닌
인간의 몸을 입고 하는 영혼의 진화 과정을 선택한 것입니다.
그 결과 당신의 영혼은
지금 이곳 지구 행성에서
인간의 외투를 입고
이 모양 이 꼴로 살고 있는 것입니다.

영혼이 진화한다는 것은
창조주께서 펼쳐 놓은 다양한 에너지를 체험하는 과정이며
에너지의 세상을 공부하고
여행한다는 것을 의미합니다.
영혼이 진화한다는 것은
창조주의 의식을 다양하게 체험하는 것입니다.

영혼이 진화한다는 것은
낮은 수준의 창조주의 의식을 체험하다가
높은 수준의 창조주의 의식을 체험하는 과정입니다.

영혼이 진화를 한다는 것은
자신이 체험한 창조주의 의식의 범위 내에서
창조주의 의식을 구현할 수 있다는 것을 의미합니다.
영혼이 진화를 한다는 것은
자신이 경험하고 체험한 창조주의 의식의 범위 내에서
창조할 수 있는 권한들을
획득해 나가는 과정이라고 말할 수 있습니다.

영혼이 진화를 한다는 것은
영혼이 높은 수준의 창조주의 의식에 공명하고 있으며
그 에너지장 속에 머물 수 있는 권한들이 주어짐을 의미합니다.

영혼의 물질 체험을 통해
영혼의 진화 여정에 있는
영혼들의 건승을 빕니다.

영혼의 진화를 빠르게 하는 방법

영혼은 물질 체험을 통해서만 진화할 수 있습니다.
영혼은 다양한 영혼의 외투를 걸치고
영혼의 물질 체험을 하고 있습니다.
이 글을 읽고 있는 당신의 영혼은
대우주의 7번째 주기에
신생 은하인 네바돈 은하의 변방에 있는
호모 사피엔스(인간)의 고향인 지구라는 행성에서
인간이라는 외투를 입고
영혼의 물질 체험을 하고 있는 중입니다.

당신의 영혼은
서로 다른 영혼의 외투를 입고
서로 다른 생명체의 외투를 입고
영혼의 물질 체험을 하고 있는 영혼들과 함께
지구 행성의 생명의 순환 시스템 속에서
지구 행성의 생명의 윤회 시스템 속에서
지구 행성의 생명의 카르마 시스템 속에서
영혼의 물질 체험을 하며 살아가고 있습니다.

당신의 영혼의 목적은 영혼의 진화에 있습니다.
당신의 욕망과 감정은 쾌락을 좇고 권력을 좇지만

당신을 이곳에 보낸 당신의 본영의 목적은
영혼의 진화에 초점이 맞추어져 있습니다.
당신의 욕망은 부자가 되기를 원하고
당신의 에고는 성공과 출세를 바라고
당신의 현재의식은 더 많은 물질의 풍요로움을 원하지만
당신을 이곳에 보낸 당신의 본영의 목적은 오직 하나입니다.
당신의 물질 체험을 통해 영혼이 진화하는데 있습니다.

본영들이 자신의 아바타의 영혼의 물질 체험을 통해
영혼의 진화를 빠르게 진행하기 위해 최선을 다하고 있습니다.
영혼의 물질 체험을 하고 있는 아바타를 통해
본영은 영혼의 진화를 이룰 수가 있습니다.
본영과 아바타는
영혼의 진화라는 관점에서 보면 공동 운명체입니다.
영혼의 진화를 빠르게 하기 위해
본영들이 사용하는 방법은 다음과 같습니다.

첫번째
어둠의 매트릭스를 설치하는 방법이 있습니다.
빛의 매트릭스를 설치하고 물질 체험을 하는 것보다는
악역의 역할 즉 나쁜 역할을 맡는 것이
영혼의 진화가 빠르게 이루어집니다.
착한 일을 하고
착하게 산다고 해서
영혼의 진화가 빠르게 이루어지는 것이 아닙니다.

착한 일을 하고 좋은 역할을 하는 물질 체험보다는
나쁜 일을 하고 악역을 하는 것이
영혼의 입장에서 보면 훨씬 더 힘든 배역일 수밖에 없습니다.

영혼은 빛입니다.
빛의 성질을 가지고 있는 영혼이
빛의 역할을 하는 것은
자연스러운 것이며 어려운 것이 아닙니다.
빛의 성질을 가지고 있는 영혼이
빛이 아닌 어둠의 역할을 하는 것이 훨씬 어려운 일이며
난이도가 높은 역할일 수밖에 없습니다.

어둠의 역할을 하고 싶다고
하늘은 아무에게나 그 역할을 맡기지 않습니다.
어둠의 역할을 감당할 수 있을 만큼의 강한 빛이 있어야 합니다.
어둠의 역할을 하면서
영혼이 자신을 잃지 않아야 하며
카르마를 많이 남기지 않아야 하기에
빛이 강한 영혼에게만 악역의 역할들이 주어지는 것이
우주의 법칙입니다.
본영들은 아바타의 빠른 영혼의 진화를 위해
어둠의 매트릭스를 많이 선택하여 태어나게 됩니다.
어둠의 매트릭스를 가지고 태어난 영혼들은
빛의 매트릭스를 가지고 태어난 영혼들에 비해
카르마를 많이 쌓는다는 단점이 있습니다.

두번째

빛의 매트릭스를 가지고 태어난 영혼들은
삶의 난이도를 높여 태어나는 경우가 많습니다.
삶의 난이도가 높다는 것은
해소해야 할 카르마가 많다는 것을 의미합니다.
삶의 난이도가 높다는 것은
삶의 프로그램이 순탄치 않다는 것을 의미합니다.
삶의 난이도가 높다는 것은
아바타의 생활이 매우 어렵다는 것을 말합니다.
삶의 난이도를 높게 하는 것은
영혼의 진화를 빠르게 하기 위해
본영들이 즐겨 쓰는 방법 중에 하나입니다.

삶의 난이도를 높이는 방법은
본영에게는 영혼의 진화를 빠르게 하는 방법이긴 하지만
물질 체험을 하는 아바타에겐 매우 힘든 삶이 되는 것입니다.
삶의 난이도를 높이는 방법으로
장애를 일부 가지고 오거나
고아로 태어나거나
부모덕을 하나도 받지 못하게 하거나
몸이 건강하지 못해 경쟁력이 떨어지거나 하는 등의
다양한 방법들이 있습니다.

이 방법의 단점은
아바타가 자살을 하는 경우가 많다는 것입니다.

자살을 하게 되면 이번 생에 이수하지 못한 프로그램들이
다음 생으로 이어지기 때문에
삶의 난이도가 더 높아진다는 치명적인 단점이 있습니다.

세번째
아바타의 성격에 의도적인 모순을 만들어서
고군분투하게 하는 방법이 있습니다.
카르마는 아바타가 피해갈 수 없는 장애물이라면
본영이 설치하는 의도적인 모순은
아바타에게 최적화된 장애물들을
그때 그때 설치하는 방법을 말합니다.

짧은 시간내에 많은 것을 체험하고 싶을 때
본영들이 즐겨 쓰는 방법입니다.
예를 들면
지능은 150으로 머리는 좋게 셋팅해 놓고
말은 못하게 말더듬이로 만들어 놓는 경우가 있습니다.
관심사를 외부가 아닌 내면으로 향하게 할 때
많이 쓰는 방법입니다.

성격에 의도적으로 많은 모순을 형성해 놓고
시행착오를 통해 좌충우돌하면서
삶을 다양하게 체험하게 하는 방법이 있습니다.
본영이 의도적으로 설치하는 장애물이 많으면 많을수록
남들이 경험하지 않는 것들을 경험해야 합니다.

남들과 다른 삶을 살게 하면서 남들과 공존해야 하는 모순을 통해
자기 정체성을 잃지 않으면서 산전수전 다 겪게 하는 방법을 통해
영혼의 진화를 빠르게 하기 위해
본영들이 즐겨 쓰는 방법입니다.

네번째
삶의 프로그램 이수율을 높이는 방법이 있습니다.
윤회 프로그램이 짜여질 때 계획했던 삶의 프로그램 중에는
반드시 이수해야 하는 프로그램이 있으며
자유의지 영역으로 남겨진 프로그램이 있습니다.

삶의 프로그램 이수율을 높이는 방법은
반드시 이수해야 하는 과정을 마치고
자유의지 영역으로 남아있었던 부분을
집중적으로 성취하고 이수하게 하는 방법이 있습니다.
예상치 못한 성과를 거두거나
자유의지 확대를 통해
많은 것을 경험하고 체험하게 하는 경우에 해당됩니다.

다섯번째
우주의 프로젝트에 참여하는 방법입니다.
우주에는 특별한 프로젝트가 수시로 진행됩니다.
우주에서 특별하게 진행되는 프로젝트에 지원하여
역할과 임무를 수행하는 경우가 있습니다.
실험행성에 지원을 하게 되는 경우가 제일 많습니다.

창조주께서 직접 진행하는 프로젝트에 선발되어 참여할 때가
영혼에겐 가장 좋은 기회가 됩니다.

본영들이 아바타에 대한 사랑이 지극할수록
아바타들의 눈에서는 피눈물이 나게 됩니다.
본영들이 아바타에 대한 사랑이 지극하면 지극할수록
아바타들의 삶은 그만큼 많은 고통이 따를 수밖에 없습니다.

아바타의 눈에서 피눈물이 많이 날수록
아바타의 삶이 힘들면 힘들수록
아바타의 삶이 고달프면 고달플수록
영혼은 성장하게 되는 것이며
영혼은 진화하게 되는 것입니다.

본영의 사랑을 지극하게 받고 있는
빛의 일꾼들과 하늘 사람들의 건승을 빕니다.

그냥 산다는 것이 갖는 의미

왜 사느냐고 물어보면
태어났으니까 어쩔 수 없이 살고 있다고
말하는 사람이 참 많습니다.
어떻게 살고 있냐고 물어보면
그냥 살고 있다고 말하는 사람이 참 많습니다.
어떻게 사는 것이 잘 사는 것인지 물어보면
그냥 사는 대로 사는 거지
누구는 별 수 있냐라고
말하는 사람이 있습니다.

그냥 살고 있다고
그냥 사는 것이라고
죽지 못해 그냥 살고 있다고 말을 합니다.
그냥 사는 것마저도 너무나 힘에 겨워하며
우리는 세상을 살고 있습니다.

남들처럼 평범하게 사는게 꿈이라고
남들처럼 평범하게 살아 보고 싶었다고 말을 하는 사람들은
특별하게 사는 것처럼 보이지만
나이가 조금 들어서 보면
그냥 살아온 나와 큰 차이가 없음을 봅니다.

사는게 뭐 다 그렇지 뭐

세상사가 내 뜻대로 되지 않는다는 것을 배우는 데는

그리 오랜 시간이 걸리지 않을 것입니다.

사는 게 재미가 없고

사는 게 너무 고통스럽고

사는 게 지옥처럼 느껴지는 분들에게

그냥 산다는 것이 갖는

보이지 않는 세계의 의미를 전합니다.

당신이 그토록 재미없어 하고

당신이 그토록 고통스러워하는 삶을 위해

당신이 그토록 힘겨워하는 삶을 위해

당신이 이 모양 이 꼴로 살아갈 수 있도록 하기 위해

하늘이 당신을 위해

얼마나 많은 에너지를 쓰고 있는 줄 아십니까?

당신이 지금 이 모양 이 꼴로 살고 있다면

그만한 이유가 있는 것입니다.

당신이 하는 일마다 실패하고

당신이 하는 일마다 누군가가 막는 것 같고

당신이 하는 일마다 되는 일이 없도록 하기 위해

당신의 지금의 모습을 만드는데

하늘이 당신을 위해

얼마나 많은 공을 들이고

정성을 다하고 있는지 아십니까?

내면에서 소리가 들리고
어딘가에 카메라를 설치하여
누군가가 나를 감시하고 있으며
누군가가 나를 쫓아오고
누군가가 나를 죽이려 하고
누군가가 나를 괴롭히고 있다고
당신이 홀로그램을 보고
그것을 그렇게 진짜처럼 믿게 하기 위해
하늘의 에너지체들이 당신을 위해
얼마나 많은 에너지를 쓰고 있는지 아십니까?

아침에 다르고 저녁에 다르고
그때 그때 다른
당신의 감정장애와 조울장애를 위해
이유없이 올라오는 짜증과
폭발적 분노를 위해
당신의 내면에 있는 부정적인 에너지를
수면으로 끌어내기 위해
당신의 내면에 있는 두려움과 부정성들을
당신이 알아채고 눈치챌 수 있도록 하기 위해
하늘의 에너지체인 천사와 귀신들이
얼마나 많은 에너지를 쓰고 있으며
얼마나 당신을 위해 많은 애를 쓰고 있는지
당신은 아십니까?

안 아픈 날보다는 아픈 날이 더 많으며

온몸이 두들겨 맞은 것처럼 아프고

아프지 않은 곳이 없으며

죽을 만큼 당신을 아프게 하여

당신의 의지를 꺾기 위해

하늘이 얼마나 많은 에너지를 쓰고 있는지 아십니까?

당신의 의식의 전환을 위해

당신의 두 다리를 묶고

당신의 두 손을 묶고

당신의 양날개마저 묶고

당신이 가진 것을 몽땅 털어가거나

당신을 천길 낭떠러지로 토끼몰이를 하듯

당신을 코너로 몰고 있는 하늘이

얼마나 가슴을 닫은 채 일하고 있는지 아십니까?

당신의 의식을 깨우기 위해

당신에게 세상의 방식이 아닌

세상에서는 도저히 일어날 수 없는 하늘의 방식으로

당신을 몰고 가고 있다는 것을

당신의 의식의 수준에서

당신이 알아채고 눈치채게 하기 위해

하늘이 얼마나 치밀하고 정교하게 일하고 있는지

당신은 아십니까?

당신이 하늘에서 이렇게 하겠다 약속해 놓고
당신이 땅에서 지키지 않는 약속을
하늘이 대신 지키기 위해
얼마나 많은 에너지를 쓰고 있는지 아십니까?
당신이 하늘에서 이렇게 하기로 약속해 놓고
땅에서는 저렇게만 하고 있는 당신을 위해
하늘은 당신이 하늘에서 한 약속을 지키게 하기 위해
당신이 이렇게 살게 하기 위해
하늘이 얼마나 많은 에너지를
당신을 위해 쓰고 있는지 아십니까?

당신이 하늘에서 약속한 삶 그대로를
살게 하기 위해
당신이 이번 삶에서 경험하기로 한 것을
경험하게 하기 위해
당신이 이번 삶에서 반드시 이루기로 한 것을
이루게 하기 위해
당신이 이번 삶에서 반드시 풀기로 한
당신의 카르마를 해소하는 것을 돕기 위해
하늘이 당신을 위해
얼마나 많은 에너지를 쓰고 있는지 아십니까?

당신의 그냥 살고 있는 삶을 위해
당신의 자유의지를 존중하기 위해
당신의 영혼의 물질 체험을 위해

당신의 영혼의 진화를 위해

당신의 영혼과 하늘 사이에 한 약속을 지키기 위해

하늘이 당신을 위해

얼마나 많은 에너지를 쓰고 있는지 아십니까?

이 모양 이 꼴로 살고 있는 당신을 만들기 위해

이 모양 이 꼴로 살아갈 수밖에 없도록

당신의 지금의 모습을 위해

당신의 지금의 감정을 느끼게 하기 위해

당신의 의식을 깨우기 위해

하늘이 당신을 위해

얼마나 많은 에너지를 사용했는지 당신은 아십니까?

당신이 이 모양 이 꼴로 살고 있는 데는

그만한 이유가 있는 것입니다.

당신의 삶이 그토록 힘들고 고통스럽다면

하늘의 인연법에 의해 그만한 이유가 반드시 있는 것입니다.

그냥 살고 있는 당신을 위해

죽지 못해 살고 있는 당신을 위해

별볼일 없는 사람으로 살고 있는 당신을 위해

평범하게 살고 있는 당신을 위해

하늘이 얼마나 많은 애를 쓰고 있으며

하늘이 얼마나 많은 에너지를 사용하고 있는지

당신은 아십니까?

그냥 살고 있는 당신을 위해
죽지 못해서 살고 있는 당신을 위해
별볼일 없이 살고 있는 당신의 삶을 위해
가슴속에서 하늘을 잃어버리고 살고 있는 당신을 위해
하늘은 참 많은 에너지를 사용하고 있습니다.

이것이 하늘이 존재하는 이유이기 때문입니다.
이것이 당신이 힘들고 지치고 쓰러졌을 때
죽고 싶다는 말과 함께
입버릇처럼 말하고 있는
그냥 살고 있다는 것에 담긴
우주적 의미입니다.

당신의 건승을 빕니다.

혼의식과 상념체의 정화없이

영의식은 깨어날 수 없습니다.

혼의식보다 영의식이 강할 때

의식의 각성이 일어나며

혼의식을 영의식이 온전하게 통제할 때

인신합일과 신인합일이 이루어지고

만인성불의 시대를 열 수 있습니다.

5부

혼의식의 정화와 상위자아 합일

혼의식과 상념체

이 우주에 존재하는 모든 물질과 비물질은
진동수로 표현될 수 있습니다.
진동수는 파장 또는 에너지의 스펙트럼으로
빛의 파장으로 나타납니다.

우주는 파워게임입니다.
대우주를 관리하고 운영하는 하늘의 질서는
에너지체들의 진동수에 의해 결정이 됩니다.
높은 진동수를 가진 에너지는
낮은 진동수를 가진 에너지를 포함할 수 있으며
수용할 수 있습니다.
빛의 세계는 대립과 투쟁이 아닌
조화와 균형으로 이루어져 있습니다.

이 우주에서 가장 높은 진동수를 가진 존재는
창조주입니다.
창조주를 도와서
우주의 행정업무를 맡아 보고 있는 존재들은
에너지체이며
인류에게는 천사로 알려져 있습니다.
천사들은 비물질 에너지체입니다.

천사들은 진동수의 차이에 의해
자신의 우주적 신분이 결정이 됩니다.

우주는 가장 높은 진동수를 가진
창조주에 의해 창조되어 운영되고 있습니다.
우주는 무극의 세계에서 태극의 세계로
태극의 세계에서 삼태극의 세계로
우주의 창조가 이루어집니다.
높은 진동수에서 낮은 진동수로
변화와 생성을 하는 것이
우주 변화의 원리입니다.
우주 변화의 원리는 높은 진동수에서 낮은 진동수로
분화와 확장을 통해 이루어집니다.

영혼의 진화는
낮은 진동수에서 높은 진동수로 변하는 것입니다.
의식의 확장과 깨달음은
낮은 진동수에서 높은 진동수로의 전환입니다.
낮은 진동수에서 높은 진동수로
상위자아와의 합일이 이루어지고 있으며
본영과의 합일이 있습니다.

영혼의 여행과 영혼의 진화는
창조근원에서 분화한 우리의 영이
우주의 부모를 찾아 떠나는 여행입니다.

영혼의 물질 체험은
높은 진동수를 가진 영이
진동수를 다운하여 영혼의 옷을 입고
창조주께서 펼쳐놓은 삼라만상의 세계를 체험하면서
진동수를 높여가는 여행입니다.
영혼의 물질 체험을 통한 영혼의 진화가
우주의 역사이자 우주의 이야기입니다.

영혼의 물질 체험이란
높은 진동수를 가진 영이
높은 진동수에서는 체험할 수 없는 것들을
낮은 진동수를 가진
혼이라는 에너지의 옷을 걸치고 체험하는
영혼의 여행을 말합니다.
영혼의 물질 체험이란
영과 혼이 함께하는 영혼의 여행이며
높은 진동수인 영의식과
낮은 진동수인 혼의식이
모순과 갈등속에 조화와 균형을 찾아가는
물질세계의 영혼의 여행입니다.

혼의식은 영의식에 비해 낮은 진동수에 있으면서
인간이 가진 욕망이나 집착에 의해
각종 부작용이 발생하는데
이것을 에고라고도 하며 부정성이라고도 합니다.

높은 진동수를 가진 영은
물질 체험을 하는 동안에 상처를 입거나 다치거나
에너지에 손상을 받는 일이 없습니다.
영에 비해 상대적으로 진동수가 낮은 혼은
욕심과 욕망을 가지고 있으며
감정과 분노를 가지고 있으며
두려움과 공포를 가지고 세상을 살아갑니다.

영은 물질 세상에서 일어나는
인간의 내부에서 발생하는 감정이나 욕망에
어떠한 영향을 받지 않습니다.
영이 물질 체험을 하는 동안
영은 세상을 살면서 하는 모든 경험들을 통해
인간의 에고와 부정성에서 발생하는
어떠한 에너지에도 영향을 받지 않습니다.

영에 비해 낮은 진동수를 가진 혼은
세상을 사는 동안에 받은
아픔과 상처에 영향을 받습니다.
영에 비해 낮은 진동수를 가진 혼 에너지는
두려움과 공포의 에너지에 영향을 받으며
좌절과 슬픔에도 영향을 받습니다.
영에 비해 낮은 진동수를 가진 혼의식은
물질 체험을 하며 세상을 사는 동안에
에고와 부정성에 영향을 받습니다.

인간이 세상을 살면서
너무 억울한 일을 당하거나
못다 이룬 사랑이나 못다 이룬 꿈이나
원한이나 집착 또는 분노와 배신을 겪으면서
죽음을 맞이하게 됩니다.

인간이 자신의 죽음을 받아들이는 과정에서
내려놓지 못한 그 당시의 생각이나 신념
증오와 분노의 부정적인 에너지는
진동수가 높은 영에는 영향을 주지 않지만
진동수가 낮은 혼에 영향을 줍니다.
진동수가 낮은 혼이
영혼의 물질 체험을 하는 동안에
세상을 살면서 받은 원한과 분노 등의 부정적인 에너지가
죽음을 맞이하는 순간까지 해소하지 못한 채
혼 에너지에 영향을 미치게 됩니다.
부정적인 에너지가 혼 에너지에 영향을 미치고 있을 때
이것을 혼의식의 상념체(想念體)라고 합니다.

영혼은 인간이 죽음을 맞이하면 혼비백산하게 됩니다.
영과 혼은 영계로 비(승천)하고
백 에너지인 육체는 땅으로 산(흩어짐)합니다.
영계로 돌아온 영은 특수한 구역에서 휴식을 취하며
삶을 복귀하고 다음 삶을 살기 위해
윤회 프로그램을 준비하게 됩니다.

영계로 돌아온 혼은
세상을 살면서 받은 부정적인 에너지의 영향과
풀지 못한 인간의 에고의 부정적인 에너지의 영향으로
진동수를 더 떨어트리게 됩니다.
진동수가 더 떨어진 혼 에너지는
탁해지고 어두워지고 무거워집니다.
진동수가 떨어진 혼 에너지는
정화와 치유를 위해
영계의 특수한 곳에 머물게 됩니다.

진동수가 떨어진 혼 에너지가
영계의 특수한 곳에서
치유와 정화가 이루어지는 곳이 있습니다.
이것을 종교에서는
천당과 지옥과 연옥으로 표현하였습니다.
영혼의 물질 체험을 하다
진동수가 떨어진 혼 에너지를 상념체라고 합니다.

진동수가 떨어진 혼 에너지는
영계의 특수한 곳에서 치유와 정화가 이루어진 후
영과 결합하여
영혼의 윤회 프로그램을 통해
세상속으로 돌아옵니다.
이것이 영혼의 여행이며
이것이 영혼이 윤회하는 우주의 법칙입니다.

진동수가 떨어진 혼 에너지가
다 치유되고 정화되기도 전에
영혼의 윤회가 결정이 되면
진동수가 떨어진 혼 에너지를 가지고
세상에 태어나 살 수밖에 없습니다.
영혼이 윤회하는 비밀을 알게 되면
천당과 지옥은 죄를 지어 가는 곳이 아니라는 것을
알게 될 것입니다.

진동수가 떨어진 혼 에너지를 가지고
더 많은 부정적인 에너지를 가지고
원인을 알지 못하는 원한과 분노를 가지고
두려움과 공포를 남보다 내가 더 많이 가지고
미움과 증오의 에너지를 가지고
세상에 태어나 살고 있다는 것입니다.
이것이 천당과 지옥의 우주적 비밀입니다.

상념체들은 자기 확장성과 생명력이 있기에
천 년이 넘고 삼천 년이 지나도록 사라지지 않습니다.
윤회 속에서
그 사람의 오늘의 삶에
부정적인 영향을 주는 에너지의 근원을
상념체라 합니다.

혼의식과 감정체

혼은 물질 체험을 위해
영의 파트너로 준비되었습니다.
혼은 영과 함께하는 물질 체험을 통해
혼의 고유한 진화의 여정에 참여하고 있습니다.

혼은 혼의식을 통해 인간의 감정체를 주관합니다.
혼은 영에 비해 낮은 진동수로 창조되었습니다.
낮은 진동수를 가진 혼 에너지는
물질 체험을 하는 감정체를 가진 인간에게
두려움과 공포의 에너지를 발산하며
부정적인 에너지의 근원입니다.

혼은 물질 체험을 하면서 세상을 살다가
원한이나 증오, 두려움과 공포 등을
경험하게 되면서 죽게 됩니다.
혼이 자신의 죽음을 받아들이는 과정에서
억울함과 원한과 증오와 복수심 등의
강한 부정적인 에너지의 영향을 받게 됩니다.
혼이 인간의 죽음의 순간에
강한 부정적인 에너지의 영향을 받게 되면
혼 에너지의 진동수가 급격하게 떨어지게 됩니다.

혼 에너지의 진동수가 급격하게 떨어지면
혼 에너지는 영계에 정상적으로 합류하지 못하고
영계의 특수한 곳에서 정화와 치유를 받게 됩니다.
진동수가 떨어져 특수한 곳에서 치유와 정화를 하게 되는데
종교 매트릭스에서는
보이지 않는 세계에 대한 이해없이
인류의 그 당시 의식 수준에서
구천을 떠도는 혼령이라고 표현하였습니다.

진동수가 떨어져 빛을 잃은 혼 에너지는
4차원의 공간과 5차원이 중첩되는
영계의 차원간 공간에 머물면서
혼 에너지의 정화(해원상생)가 이루어질 때까지
관리되고 보호받고 있습니다.
세상을 살면서 받은 부정적인 에너지와
세상을 살면서 풀지 못한
인간의 다양한 감정체들에 의해 빛을 잃은 혼 에너지는
하늘에 의해 영계에 머무는 동안
일정 부분 치유되고 정화가 이루어집니다.

인간의 영혼은 지구의 250만 년의 역사 속에
수많은 윤회를 통해 영혼의 진화를 하였습니다.
영혼이 물질 체험을 하는 동안에
영은 카르마를 남기고
혼은 상념체들을 남기게 됩니다.

인간이 죽으면

영혼은 영계에 머물면서 윤회를 준비합니다.

영은 자유의지의 남용으로 인한

카르마를 해소하기 위해 윤회를 준비합니다.

혼은 떨어진 진동수를 회복하기 위해

상념체의 정화를 위해

영계의 특수한 곳에 머물게 됩니다.

혼 에너지가 다 정화되고 치유되기 전에

윤회가 시작이 되면

혼의식의 감정체와 상념체들의 부정적인 에너지가

오늘을 사는 나에게 영향을 미치게 됩니다.

과거의 혼의식에 영향을 받지 않는 사람은 아무도 없습니다.

그 에너지에 자신도 모르게 영향을 받고 있으며

혼의식이 미치는 정도에 따라

감정체 일부에 영향을 받거나

영이 혼에게

완전하게 지배를 받게 되는 경우도 발생하게 됩니다.

나는 21세기의 오늘을 살지만

나의 감정이나 생각은 과거의 삶 속에

과거의 혼의식에 묶여 있거나

과거의 상념체에 갇혀

기쁘지도 슬프지도 않고

수많은 감정체들의 기복 속에

살고 있는 영혼들이 대부분입니다.

과거의 삶에서 형성된 혼의식의 작용으로
나의 현재의 습이 형성되며
정신분열이나 정신착란 등을 유발하며
우울증이나 조울증 등을 유발하며
논리적으로 설명할 수 없는
수많은 감정상의 이상 징후의 배후에는
바로 혼의식이 작용되고 있습니다.

처음 본 사람인데 괜히 싫고
처음 본 사람인데 끌리고
자신의 이상형이 아닌 찐빵같은 외모를 가진 사람에게
자신도 모르게 끌리고
주는 것도 받는 것도 없는 사이인데
괜히 싫고
처음 가는 곳인데도
괜히 슬프고 눈물이 나기도 하고
자신도 모르게 그곳에 가면
마음이 편안한 곳이 있으며
이밖에 논리적으로 설명할 수 없는 수많은 현상들은
대부분 그 사람의 감정체에 영향을 미치는
혼의식 때문입니다.

지구 행성의 차원상승을 위해
지구 행성을 떠나는 영혼들을 위해
새 하늘과 새 땅에 살아갈 영혼들을 위해

하늘은 아무도 모르게
상념체의 에너지를 정화하는 작업이
행성 문명의 종결에 앞서 진행되었습니다.
혼의식과 상념체 정화를 통해
문명의 종결을 위한 절차를 밟고 있으며
영의식과 혼의식의 합일을 위해
꼭 필요한 행정적 절차가 바로
아무도 모르게 하늘에 의해 진행되는
해원상생 프로그램입니다.

지구 행성의 차원상승을 위해
혼의식의 상념체 정화가
하늘에 의해 시행되고 있으며
빛의 생명나무에서 하고 있는
상념체 정화 프로그램이 갖는
우주적 의미입니다.

혼의식의 정화와 시절인연

내 마음이 내 마음대로 작용되지 않음을
세상을 살아본 사람이라면
그것을 알아채고 눈치챈다는 것은 쉬운 일입니다.
내 마음이 내 마음대로 되지 않는다는 것을
보이지 않는 세계에 대한 이해없이
그 원인을 알아채고 눈치챈다는 것은
결코 쉬운 일이 아닙니다.

인간의 감정이 구현되고
인간의 의식이 구현되는
인간의 정신작용은
인간의 내면에서 이루어지고 있습니다.
인간의 마음의 작용은
영의식의 작용과 혼의식의 에너지 작용에 의해
일어나고 있습니다.
혼의식의 감정체에 의해
인간의 정신과 육체는 많은 영향을 받고 있습니다.

혼 에너지에 묶여있는 비율이 많을수록
정화되고 치유되지 못한 혼 에너지가 많을수록
감정의 분열과 정신의 분열이 나타납니다.

진동수가 떨어진 혼의식이 만든 상념체는
그만큼 낮은 진동수에서 반응하고
사기와 탁기에 반응하며
몸과 마음에 부정적인 영향을 주게 됩니다.
감정체의 교란과 혼란으로 인해
두려움과 분노와 원한 등이 발생합니다.
이 불안정한 감정체 에너지들로 인하여
좋지 못한 생활습관들을 만들며
인습에서 벗어나는 것을 어렵게 합니다.

진동수가 떨어진 혼 에너지가
천당과 지옥이라는 상념체는 만들지 않았지만
자신의 죽음을 받아들이지 못한 채
자신이 죽은 장소에서
혼 에너지의 관리자들에게 보호되고 있는 에너지체들을
혼령(魂靈)이라고 합니다.
보이지 않는 세계에서
진동수가 떨어진 혼 에너지의 혼령이나
상념체들이 많이 형성되어 있는 영혼의 아바타들은
진동수가 떨어진 혼 에너지의 탁한 에너지들에
그대로 노출되고 있으며 그 영향을 그대로 받게 되는 것입니다.

혼의식이 만드는 상념체가 많을수록
진동수가 많이 떨어져 있는 혼 에너지가 영과 결합해
영혼의 물질 체험이 이루어지게 됩니다.

상념체를 많이 가지고 있는
영혼의 아바타들은
세상을 사는 동안에
정신분열이나 정신착란 등이 나타납니다.

상념체를 많이 가지고 태어나 살고 있는
영혼의 아바타들은
원인을 모르는 불안장애가 나타나며
심한 불면증이나 각종 정신과 질환이 발생하며
우울증이나 조울증의 감정장애를 가지고
살고 있는 사람이 많습니다.

혼 에너지를 정화하는 방법은
공짜는 없다는 것입니다.
혼 에너지는 카르마 에너지와
연결되어 있는 경우가 많습니다.
혼 에너지가 만든 상념체로 인하여
삶의 모순을 안고 살아가는 인간의 삶은
하늘에 의해 계획된 모순입니다.
삶의 모순이 있는 곳에
영혼의 진화가 있습니다.

카르마를 해소하는 길에
상념체를 정화하는 길에
왕도는 없으며 지름길도 없습니다.

겪어야 할 것은
모두 겪어야 할 것이며
당신에게 일어날 일은
반드시 일어나게 될 것입니다.

인류의 의식의 눈높이에서
하늘에 덕을 짓고 선업을 닦고
타인을 위한 베풂의 삶을 산다고 해서
상념체 정화가 빨리 이루어지지 않습니다.
하늘에 덕을 짓고 선업을 닦고
타인을 위한 베풂의 삶을 산다는 것 역시
큰 그림 속에서 보면
그것 역시 그렇게 살면서 상념체를 해소하기로
약속된 일들이
약속된 삶의 방식으로 나타나고 있는 것입니다.

하늘은 하늘 스스로 정한 그 길대로
하늘이 일하는 방식에 의해 진행합니다.
지구 행성의 물질문명의 종결을 앞두고
하늘의 시절인연에 의해
하늘의 공리에 의해
인류 역사상 한번도 이루어진 적이 없는
우주적 카르마와 공적인 카르마의
해원상생 프로그램이 진행되고 있음을 전합니다.

카르마를 해소하기 위해
상념체를 해소하기 위해
빛의 생명나무에 오실 필요는 없습니다.
지구 행성의 차원상승은
만인성불의 시대를 열게 될 것입니다.
반드시 거쳐야 하는 통과의례입니다.

하늘의 시절인연이 있는
인자(人子)들에게
해원상생의 빛이 함께할 것입니다.

상념체가 만든 천당과 지옥

인류가 죽어서 가게 된다는
천당과 지옥은 영계 어디에도 없습니다.
종교의 매트릭스가 만들어 놓은
천당과 지옥은 우주 어디에도 없습니다.
천당과 지옥은 물질의 시대에 필요한
종교의 시대를 열기 위해
하늘에 의해 설치된 천라지망입니다.

천당과 지옥은
하늘과 인간이 서로 소통하던
영성의 시대가 저물고
물질의 시대를 열기 위해
물질의 시대에 맞는
하늘이 펼쳐놓은 그물망인 천라지망이며
하늘이 설치한 종교 매트릭스입니다.

천당과 지옥에 대한
우주적 진실은 다음과 같습니다.

천당과 지옥은
혼 에너지가 만든 상념체 에너지입니다.

천당과 지옥은

상념체가 스스로 만든 홀로그램입니다.

천당과 지옥은

물질 체험을 하는 과정에서

에고의 부정성으로 인하여

감정체의 영향으로 인하여

진동수가 떨어진 혼 에너지를 정화하고

진동수가 떨어진 혼 에너지를 치유하기 위해

영계에 설치된 특수한 공간을 말합니다.

천당과 지옥은

물질 체험을 하는 과정에서

죽을 당시의 혼의식에 쌓인 원한으로

상념체 스스로가 창조한 홀로그램 속 세상을

천당과 지옥이라고 합니다.

착한 일을 하면

죽어서 천당에 가는 것이 아닙니다.

나쁜 일을 하면

죽어서 지옥에 가는 것이 아닙니다.

착한 사람이든 나쁜 사람이든

죽어서 가는 천당과 지옥은 없습니다.

착한 사람이든 나쁜 사람이든

상념체가 발생하게 되면

진동수가 떨어진 혼 에너지를 정화하고 치유하기 위한

하늘의 행정절차가 시작되는 것입니다.

양심의 심한 자책이나
이루지 못한 나라에 대한 충이나
이루지 못한 부모님에 대한 효나
이루지 못한 부귀영화에 대한 미련
이루지 못한 원수에 대한 복수
이루지 못한 자신의 꿈
이루지 못한 애틋한 연인과의 사랑
이루지 못한 종교적인 깨달음 등의
죽을 당시의 그 의식이
그대로 상념체가 되어
영계에 천당과 지옥이라는 홀로그램을
스스로 만든 것입니다.

'티벳 사자의 서'에 나오는 장면들 역시
죽은 자 스스로 형성한 상념체들입니다.
신이 천당과 지옥을 만들어
벌을 주고 괴롭히는 것이 아니라
오직 자신의 내면에서
자신이 죽을 때의 의식 수준에서
죽을 때의 죄의식이나 공포의 에너지가
부정적인 에너지로 결집하게 됩니다.
살아서 이루지 못한 간절한 소원과 소망들을
죽어서도 이루어 보겠다는
인간의 감정체가 만든 것이 상념체입니다.

죽어서도 그 당시 그대로의 모습으로
본인이 스스로 창조해낸
지옥과 천당의 모습이 펼쳐지는 것입니다.
이것이 상념체가 가지고 있는 힘이며
인간의 원한이 갖는 피맺힌 절규이며
인간이 소원하는 것을 죽어서라도 이루겠다는 신념이
바로 천당과 지옥을 만드는 에너지의 원천인 것입니다.

천당과 지옥은 종교에 나오는 신의 심판이 결코 아닙니다.
인과응보에 의한 결과 또한 아닙니다.
인간이기에 이루지 못한 한이 있고
억울한 죽음이 있고
억울한 사연이 있으며
잊지 못할 그리움과 미련이 있으며
지키고 싶어했던 가치가 있었으며
이루고 싶은 이상 사회나 국가가 있었으며
꿈꾸었던 그이와 그녀의 꿈을
저 세상에서라도 이루어 보겠다는 그 신념과 바람
그리고 원한의 에너지들이 응축되어 만들어진
이 상념체들이 바로
천당과 지옥을 만드는 에너지원입니다.

인류 스스로 만든 천당과 지옥은
인간이 만든 역사이며
인간이 만든 비극이며 슬픔입니다.

인간이 만든 욕망이며
인간이 만든 꿈이며
인간이 만든 기쁨이자 바람이며
인간의 모든 희·노·애·락의 측면이며
인류의 역사이자 문화이며 문명인 것입니다.

지구 행성의 차원상승을 앞두고
혼의식이 만든 상념체를 해체하고
상념체 스스로 만든 천당과 지옥을 해체하는
하늘의 작업들이 시작되었습니다.
영계(靈界)를 모두 빛으로 정화하는
하늘의 작업이 시작되었습니다.

하늘은 그 때가 되면
영계를 정화할 것이며 폐쇄할 것입니다.
영계의 폐쇄가 있어야
새로운 정신문명에 맞는 새로운 영계가 탄생하는 것입니다.
지구 행성의 차원상승이 이루어지기 전에
하늘에 의해 영계에 있는 모든 상념체들은 해체될 것입니다.

이제 그 시절인연이 시작되었으며
귀가 있는 자
하늘의 소리를 들을 것이며
눈이 있는 자
하늘의 변화의 징조를 볼 것입니다.

하늘이 땅으로 내려와 땅이 될 것이며
땅이 하늘이 되는 시기가 도래할 것입니다.
하늘과 땅과 인간이 하나로 합일되는
천·지·인 삼황합덕(三皇合德)이 이루어질 것입니다.

새 하늘과 새 땅이 열릴 것입니다.
삼황합덕의 세상이 열릴 것입니다.
만인성불의 시대가 열릴 것입니다.
천부경(天符經)의 비밀이 땅에서 펼쳐질 것입니다.

하늘의 뜻이 땅에서 이루어지게 될 것입니다.

상념체 정리와 해원상생

영과 혼은 에너지입니다.
에너지는 자신의 고유한 파동을 가지며
고유한 파동마다
빛과 어둠이라는 양면을 가지고 있습니다.

영의식은
어둠이라는 에너지와 파동에 영향을 받지 않지만
혼이라는 에너지는
영보다 낮은 진동수에서 창조되었기에
어둠이라는 에너지에 노출되면 때가 끼게 되는데
그것을 부정성이라 합니다.
혼 에너지가 부정적인 에너지에 노출이 되면
혼 에너지는 그 빛의 고유 파장을 잃고
어둠과 부정성들로 돌아가 버리도록
혼 에너지는 하늘에 의해 그렇게 프로그램 되었습니다.

윤회를 거듭하면서 혼 에너지는
감정체에 두려움과 공포를 체험하게 되고
자신이 바라는 대로
자신이 원하는 대로 이루어지지 못하는
이 땅에서의 못다 이룬 꿈을

죽어서도 이루어 보겠다는 상념체를 형성하게 되고
그 에너지가 응축되면서
영계에 지옥과 천당을 창조해
그곳에서 못다 이룬 한과 꿈을 실현하고자 하는데
이것을 혼의식의 상념체라 합니다.

혼의식이 영계에 상념체를 형성하게 되면
3차원에 살고 있는 아바타들은
그 응축된 혼 에너지의 영향을 받게 됩니다.
원한이 깊을수록
두려움과 공포가 깊을수록
원하는 꿈이 간절할수록
혼 에너지 전체를 100%로 보면
많게는 혼 에너지가 70%까지도 어두워져 있으며
빛을 상실한 채
어둠의 에너지(부정성)들을 발산하기도 합니다.
적게는 혼 에너지의 15% 정도가 상념체 형성으로 인해
빛을 상실하게 됩니다.
혼 에너지가 상념체로 인하여 빛을 잃은 것 만큼
혼 에너지가 상념체로 인하여 진동수가 떨어진 만큼
아바타는 부정적인 에너지의 영향을 받게 됩니다.

상념체가 많은 사람일수록
원인도 알 수 없는 감정체의 혼란으로 인해
우울증과 조울증 증상이 나타납니다.

상념체가 많은 사람일수록
불면증을 비롯하여 악몽에 시달리며
각종 신경쇠약 증상들이 나타납니다.
10년 동안 살면서
한번도 웃어본 적이 없는 사람으로 살아갑니다.
20년 동안 살면서
한번도 울어본 적이 없는 상태로 살아가기도 합니다.

혼의식의 정화 없이
감정체의 정화는 이룰 수 없습니다.
혼의식의 정화 없이는
깨달음 또한 없습니다.
혼의식의 정화 없이는
상위자아와의 합일은 이루어지지 않습니다.
상위자아와 합일 없이는 빛의 일꾼의 길은 없습니다.
혼의식의 정화(해원상생) 없이는
영의식과 혼의식의 합일은 불가능합니다.

혼의식의 정화와 상념체들의 정화를 통해
모든 원혼들의 한을 풀어 주고
지구 행성의 우주적 카르마를 풀어 주고
빛의 일꾼들의 공적인 카르마를 풀어 주고
상승하는 영혼과 하강하는 영혼 모두의
공적인 카르마를 해소하는 것이 바로
혼의식의 정화, 즉 해원상생이 갖는 우주적 의미입니다.

지구 행성의 차원상승을 앞두고
아무도 모르게
아무도 모르게
하늘이 일하는 방식에 의해
혼의식의 정화가 이루어지고 있습니다.

해원상생의 에너지 정화 작업이
하늘에 의해 영계에서부터 시작되었음을
우데카 팀장이 전합니다.

천도제의 비밀

인간은 영혼백 에너지로 구성되어 있습니다.
인간은 영혼의 옷인 인간의 몸(육체)을 입고 삶을 살아갑니다.
영은 언제나 대우주의 전체의식에 머물고 있기 때문에
죽음에 대해 아무런 저항을 하지 않습니다.
그러나 혼과 백은 자신의 죽음을
정당하게 받아들이지 못하는 경우가 발생합니다.

혼 에너지는
감정상의 극도의 공포감이나 원한이나 분노
억울함과 모욕과 수치감 등으로 죽게 될 경우
진동수가 급격하게 떨어지게 됩니다.
진동수가 떨어진 혼 에너지는
영계에서 다음 윤회를 시작할 때까지
충분한 정화의 과정을 거치게 됩니다.
영계에서 정화의 과정을 거친 혼 에너지가
충분하게 정화되지 못하고
육신의 옷을 입고 인간으로 태어나게 됩니다.
영이 정화되지 못한 혼과 만나게 됩니다.
이렇게 되면 인간의 의식과 감정은
영 에너지에서 나오는 영의식보다는
혼 에너지에서 나오는 혼의식의 영향을 더 많이 받게 됩니다.

죽음의 과정에서 원한과 분노와 증오로 인하여
진동수가 떨어진 혼 에너지는
영계에서 특수한 에너지장에 갇히게 됩니다.
혼 에너지를 정화하기 위해 설치한 특수한 에너지장을
영계에 대해 아무런 지식이 없었던 인류의 의식 수준에서
천당과 지옥으로 인식하였습니다.
천당과 지옥은 진동수가 떨어진 혼 에너지를 정화하기 위한
하늘의 특수한 에너지장을 말합니다.
특수한 에너지장에 갇힌 혼 에너지의 일부를
혼의식이 만든 상념체라고 합니다.

혼의식이 만든 상념체 에너지는
영계에서 스스로 천당과 지옥을 창조합니다.
혼의식이 만든 상념체 에너지에 의해
부정적인 홀로그램의 매트릭스가 생성됩니다.
홀로그램의 매트릭스에는
죽음을 맞이한 그 당시의 배경으로
죽음을 맞이한 그 시간과 공간이 상념체에 의해 창조됩니다.
이렇게 혼 에너지 중 심각하게 진동수가 떨어진 일부를
특수한 에너지장 속에서 집중적으로 정화가 이루어집니다.

혼의식의 집착과 욕망이 창조한 공간이
바로 천당과 지옥이며
진동수가 떨어진 혼의식은
상념체가 만든 홀로그램의 매트릭스에 갇혀버리게 됩니다.

혼 에너지의 진동수가 떨어진 만큼

물질 체험을 하고 있는

3차원 아바타의 혼의식과 감정체에 영향을 미치게 됩니다.

상념체들은 자신이 죽은 물리적 장소에 있는

영계 담당자(산신·지신·해신) 그룹에 의해

혼의식의 정화(해원상생)가 이루어질 때까지 관리되고 있습니다.

영계의 특수한 차원간 공간에는

자신의 죽음을 받아들이지 못하는

혼의식이 만든 상념체 에너지로 가득 차 있습니다.

상념체가 만든 참혹하고 암담한 지옥과

아름다운 천당들이 사연들만큼 다양하게

홀로그램으로 매트릭스속에 갇혀 있습니다.

상념체로 남아있는 혼 에너지는

인간의 현재의 삶에

막대한 영향을 미치게 됩니다.

천당과 지옥의 매트릭스속에 갇혀있는 혼의식은

윤회 속에서 지속적으로

자신의 아바타에게 부정적인 영향을 미치게 됩니다.

상념체 에너지가 지속되는 시간은

짧게는 천 년에서 길게는 삼천 년 정도 지속됩니다.

상념체가 생긴 기간이 최근일수록

더 많은 부정적인 에너지를 생성합니다.

이 상념체가 내보내는 부정성은
강력하게 자신의 아바타에게 감정체의 교란을 유발하고
심한 경우에는 삶의 전반을 지배하게 만듭니다.

상념체가 만든 천당과 지옥은
혼의식과 감정체에 지대한 영향을 끼치면서
인간의 무의식과 집단 무의식을 형성합니다.
상념체의 매트릭스에 갇힌 혼의식은
잠재의식에 깊이 침투해
내 생각, 내 감정, 내 마음이라고 알고 있는 것들에
엄청난 영향을 미치게 됩니다.

영의식이 혼의식을 통제할 수 없게 만들고
내 삶을 내 마음대로 창조할 수 없게 만들며
되는 일이 하나도 없게 만들며
내 안에 누가 있는 것처럼 느껴지며
내 마음이 내 감정이 스스로에 의해 컨트롤되지 못하기 때문에
정신분열이나 감정체의 교란이 발생합니다.
폭발적 분노와 우울증과 조울증
성격장애나 정서장애가 나타나며
게으름과 무기력증을 동반하게 됩니다.

혼 에너지가 만든 상념체가
인간의 삶에 영향을 끼친다는 것을
우리 조상들은 알고 있었습니다.

인간이 죽은 후에 망자를 위해
제사를 지내고 굿을 하고
49제를 지내고 천도제를 지내는
문화적 관습들을 낳게 하였습니다.
천도제나 굿을 통한 영계로의 접속은
제한된 소수의 역할자에게만 되고 있습니다.

영계에 접속할 수 있는 사람을 통해서만
상념체들과의 면담이 이루어질 수 있습니다.
상념체들을 정화할 수 있는
우주적 신분을 가진 역할자들에 의해서만
영계에 설치되어 있는 상념체들의 매트릭스인
천당과 지옥을 해체할 수 있습니다.
상념체들을 정화할 수 있는
우주적 신분을 가진 역할자들에 의해서만
혼의식을 정화(해원상생)할 수 있습니다.

영계에 접속이 가능한 사람들이 있으며
우주적 신분이 높은 무속인들은 가능합니다.
무속인들에게 영계에 있는
천당과 지옥의 상념체들과의 면담은 허락되어 있어서
그들의 원통한 사연들을 알 수 있는 것이지만
망자들의 사연을 들을 수 있는 권한과
망자들의 상념체 에너지장을 해소할 수 있는 권한은
전혀 다른 문제입니다.

옛날부터 대사로 칭송받는 고승들에 의해
영계로의 방문이 허용되었습니다.
고승들에게도 상념체를 해소하고
카르마를 해소할 수 있는 권한이 주어진 적은
인류 역사상 단 한번도 없었습니다.

영계를 방문한 이들에 의해
상념체가 만든 천당과 지옥의 홀로그램속에서
특수한 에너지장속에서 고통받고 있는 망자들을 위해 도입된
제사와 축원 의식이 천도제(薦度祭, 薦度齋)의 기원입니다.
영계를 방문했던 이들은
우주의 윤회 시스템과 카르마 시스템을
모르던 사람들이었습니다.
영계를 방문했던 이들이 본 것은
진동수가 떨어진 혼 에너지의 진동수를 높이는 과정이며
오염된 혼 에너지를 따로 떼내어
특수한 에너지장속에서 정화되고 있는 모습을 본 것에 불과합니다.

진정한 천도제는 3차원적 제사나
굿의 형식으로 이루어질 수 없습니다.
진정한 천도제는 카르마의 해소를 통해서만 이루어질 수 있습니다.
하늘의 윤회 시스템과 카르마 시스템을 알고 있다면
천도제는 필요없는 것입니다.
진정한 천도제는 격문이나 독경을 통해
제사의식을 통해 이루어질 수 없습니다.

지금의 천도제는 살아있는 사람들의 마음의 위안을 얻기 위한
천도제가 된지 오래되었습니다.

하늘의 입장에서 보면
혼의식이 만든 상념체 역시 윤회 시스템의 일부분일 뿐입니다.
천도제를 할 수 있는 사명자에게는
다음과 같은 권한이 주어져 있습니다.

첫째

5차원 영계에 접속할 수 있는 권한이 있어야 합니다.

둘째

5차원 영계에 있는 진동수가 떨어진 혼 에너지들의
정화되고 있는 상념체들을 만날 수 있는 권한이 있어야 합니다.

셋째

상념체들의 정화를 명령할 수 있는 권한이
하늘로부터 주어져야 합니다.

넷째

상념체의 에너지는
망자가 남긴 카르마 에너지입니다.
상념체를 정화할 수 있다는 것은
그 사람의 카르마를 해소해 줄 수 있는
높은 우주적 신분을 가진 사람만이 가능합니다.

다섯째

하늘의 윤회 시스템에 접속할 수 있으며

하늘의 카르마 시스템에 영향을 줄 수 있는

우주적 신분을 가진 사람에 의해서만

진정한 의미의 천도제는 이루어질 수 있을 뿐입니다.

이것이 천도제의 불편한 진실입니다.

천도제를 통해 마음이 편안하셨습니까?

천도제를 통해 살아있는 사람들의 마음이 편해졌다면

그것으로 족하지 않겠습니까?

누군가의 기도로 누군가의 정성으로

내가 만든 상념체들을 내가 만든 카르마를

누군가가 대신하여 해소할 수 있다고

당신은 진짜로 그렇게 믿고 있습니까?

도력과 법력이 있는 스님과

소문난 무속인의 기도로

망자가 만든 상념체와 카르마 에너지를

진짜로 해소할 수 있다고 믿고 계십니까?

인과의 법칙을 무시하고

무속인에 의해 이루어지는 천도제와

종교인들에 의해 이루어지고 있는 천도제를 통해

망자가 만든 상념체 에너지들을

누군가가 대신하여 정화할 수 있다고

진짜로 그렇게 생각하고 계십니까?

천도제를 지낸다고
아무것도 잘못되는 것은 없습니다.
천도제를 지내지 않는다고
아무것도 잘못되는 것은 없습니다.
진정한 천도제와
진정한 해원상생은
하늘에 의해
하늘이 일하는 방식에 의해
아무도 모르게
아무도 모르게
삶을 통해 카르마와 윤회의 시스템 속에서
자연스럽게 이루어지고 있기 때문입니다.

지구 행성의 차원상승 과정에서
지구 행성의 물질문명의 종결을 앞두고
지구 행성의 영단의 폐쇄를 앞두고
혼의식의 정화와 상념체 정화를 하기 위해
지금 수많은 인류들이
지구 행성의 문명이 종결되기 전
카르마를 해소하기 위해
정신분열과 정신이상으로 고통을 받고 있습니다.
지구 행성의 영단의 폐쇄를 앞두고
자신의 카르마를 해소하기 위해
많은 이들이 고통속에서 살아가고 있습니다.

진정한 천도제란
자신의 카르마가 해소되는 것을 말합니다.
자신의 카르마가 해소되는 과정으로
지구 행성의 차원상승 과정에서
인류의 죽음의 방식이 결정될 것입니다.
카르마가 많이 해소된 사람은
고통없이 죽게 될 것입니다.
카르마가 많이 남아있는 사람들은
죽음을 맞이하는 순간에 쉽게 죽지도 못하고
자신의 카르마를 고통속에서 절망속에서 해소하며
죽음을 맞이하게 될 것입니다.

천도제를 한다는 것의 진정한 의미는
그 사람의 카르마를 해소하고 정화한다는 것을 의미합니다.
용한 무속인이 진짜로 천도를 이룰 수 있다고 믿으십니까?
이름난 스님이 망자의 상념체와 망자의 카르마를
해소할 수 있다고 생각하십니까?
돈으로 카르마를 해소할 수 있다고 믿으십니까?
타인의 기도와 정성으로
망자가 남긴 상념체를 정화할 수 있다고 생각하십니까?

천도제는
윤회 시스템과 카르마 시스템을 모르는
인류의 의식 수준이 만들어낸 제례의식입니다.

제사는 제사 지내는 사람의 마음이
제사를 통해 편안해지고 정화되는 것입니다.
천도제는 겉으로는 망자를 위한 것이지만
실제로는 망자를 떠나보내는 살아남은 사람들의 마음을
달래주고 위로해주는 기능이 더 많습니다.

천도제의 진정한 의미를 아는 사람이 없어
우데카 팀장이
기록을 위해 이 글을 남깁니다.

윤회와 천도제

초대 교회의 주된 가르침은
영혼의 신성함과 윤회 사상입니다.
초대 교회의 가르침들은 지금의 성경에는 빠져 있지만
성경 외 복음서라는 이름으로 전해져 왔습니다.
영혼의 신성함과 윤회 사상은
예수님의 사후에 에세네파(Essenes)를 통해
그 정신이 이어져 왔습니다.

에세네파 기독교인들이 박해를 당하면서
지하로 숨었습니다.
에세네파 기독교인들이 박해를 당하면서
영혼의 신성함은 원죄와 죄인으로 바뀌고
윤회 사상은 흔적도 없이 성경에서 사라져 버렸습니다.
에세네파 기독교인들은 점점 더 사라져 갔으며
지하로 더 깊게 숨게 됩니다.
그러고도 모자라
명맥만 겨우 이어가던 에세네파 기독교인들은
중세 때 마녀사냥으로 또 다시 몰살당하면서
영성 시대의 유산인
영혼의 신성함과 윤회 사상은
이단이나 사이비로 몰리게 되었습니다.

윤회 사상이 사라진 기독교는
물질 시대에 맞게 제도화된 종교가 되었습니다.
물질화와 자본화가 이루어졌으며
권력과 종교가 커튼 뒤에서 손을 잡았으며
권력과 종교는 세상을 움직이는 중심축이 되었습니다.
영혼의 신성함과 윤회 사상이 사라지면서
다양한 인간의 삶들을 담고 품기에는
너무 좁은 인식의 틀을 제공하게 되었습니다.

물질의 시대에 물질화된 기독교는
끊임없는 이단 논쟁들이 이어졌습니다.
정적을 제거하기 위해
권력을 강화하기 위해
정통성을 확보하기 위해
이단 논쟁은 더욱더 강화되었습니다.

윤회 사상은 동양에서는 불교의 영향으로
대중의 의식속에 깊게 자리를 잡게 되었습니다.
윤회와 카르마라는 우주의 진리가
불교 문화와 함께 대중화되었습니다.
대중화된 윤회 사상은
신분제 사회를 합리화하는데 기여하게 됩니다.
대중화된 윤회 사상은
사회의 모순을 해결하려는
미륵 신앙으로 이어졌습니다.

대중화된 윤회 사상은 유교 문화와 만나면서
천도제라는 독특한 문화가 생겨났습니다.

천도제 의식을 통해
죽은 망자의 영혼을 위로해주고
죽은 망자의 극락왕생을 기원하게 되었습니다.
천도제 의식은
살아있는 사람들의 마음을 위로해주고
살아있는 사람들의 마음의 위안을 얻기 위한
제례 의식이 되었습니다.

서양에서 윤회 사상이 사라지면서
신의 인격화 과정이 본격적으로 시작됩니다.
신이 화를 내는 것이 당연한 것이 되었습니다.
신이 심판을 하는 것이 당연한 것이 되었습니다.
신이 정의를 말하는 것이 당연한 것이 되었습니다.

동양에서 윤회 사상은 왜곡되고 변질되었습니다.
카르마는 동양의 신분제도를 유지하는데 많은 역할을 하였습니다.
윤회 사상이 동양의 도가(道家) 사상과 만나면서
세속을 벗어나 깨달음을 얻으려는
도사(기인) 문화와 신선 사상으로 나타났습니다.
윤회 사상이 유교와 만나면서
기복 신앙의 최고 정점에 있는 천도제가 나타났습니다.

천도제의 우주적 진실은 다음과 같습니다.

천도제와 해원상생은

행성의 문명이 종결되는 마지막 때에

하늘에 의해서만 일어납니다.

영계의 에너지 정화를 위해서

지구 영단을 떠날 영혼과

지구 영단에 남게 될 영혼들을 구별하기 위해 이루어집니다.

천도제와 해원상생은

빛의 일꾼들의 의식을 깨우기 위해

빛의 일꾼들의 본영과의 합일을 위해

하늘에 의해

하늘이 일하는 방식에 의해

하늘 스스로 정한 그 길을 가기 위해

지구 행성의 문명을 종결하기 위한

행정적 절차입니다.

천도제와 해원상생은

종교 매트릭스를 운영하는 시기에는 일어날 수 없습니다.

문명이 펼쳐지는 시기에는

해원상생이 이루어질 수 없습니다.

하늘은 물질 체험을 하는 영혼들을 위해

종교 매트릭스를 설치하고 운영하고 있습니다.

천도제와 해원상생은

하늘이 설치한 종교 매트릭스입니다.

천도제와 해원상생의 종교 매트릭스는
상위자아와의 합일을 이룬
대사(大師)분들을 통해 이루어졌습니다.
대사라고 알려져 있는 분들은
영계에 접근할 수 있었습니다.
하늘에 의해
극소수의 사람만이 영계를 체험하게 되면서
천당과 지옥이라는 매트릭스가 설치되었습니다.
하늘에 의해 설치된 천당과 지옥이라는 매트릭스는
하늘에 의해 신비 체험을 통해
우연을 가장한 여시아문을 통해
관리되고 운영되었습니다.

귀신과 무속인의 매트릭스를 운영하기 위해
하늘은 많은 에너지를 쓰고 있습니다.
도사와 기인의 매트릭스를 운영하기 위해
하늘은 많은 에너지를 쓰고 있습니다.
천도제와 해원상생의 매트릭스를 운영하기 위해
하늘은 참 많은 에너지를 쓰고 있습니다.

이 우주에서 잘못되는 것은 아무것도 없습니다.
영혼의 극적인 물질 체험을 위해
영혼의 진화를 위해
당신을 위해
하늘이 준비한 연극 무대이며

하늘이 준비한 시나리오이며
하늘이 준비한 배역들이며
하늘이 준비한 소품들입니다.

굿을 하고
기도와 수행을 하고
제사를 지내고
천도제를 지내고
해원상생을 하면서
마음이 편해지셨습니까?
복을 많이 받으셨습니까?
즐거우셨습니까?

진실은 불편한 것입니다.
모두의 진리는 미래에는 법칙이 될 것이며
소수의 불편한 진리는 미래에는 상식이 될 것입니다.

인류의 건승을 빕니다.

만인성불의 시대

혼의식이 영의식보다 강할 때
상위자아와의 소통은 단절됩니다.

혼의식과 영의식이 균형을 이룰 때
상위자아와의 만남이 이루어지고
상위자아와의 소통이 시작됩니다.

영의식이 혼의식보다 강할 때
상위자아와의 합일이 이루어집니다.
영의식이 혼의식보다 강할 때
의식이 깨어나기 시작하는 시기이며
직관력과 영감이 깨어나기 시작하며
차원의 문과 차원의 벽을 넘어서
우주의 정보를 받게 됩니다.
기도와 수행을 하는 수행자들이
한소리 듣게 되는 시기입니다.

영의식이 혼의식을 지배하기 시작할 때는
높은 차원의 상위자아와의 합일이 이루어지는 시기입니다.
의식의 각성이 일어나는 시기이며
성격의 변화가 나타나는 시기이며

삶의 모순이 해결되는 시기입니다.
빛의 일꾼들은 최종 상위자아 합일을 의미합니다.

영의식이 혼의식 에너지를
온전하게 통제가 가능해질 때
본영과의 합일이 이루어집니다.
혼의식 프로그램이 종료됩니다.
영의식 프로그램이 가동을 시작합니다.
하늘과의 소통이 온전해지는 시기입니다.
영혼의 우주적 신분에 맞게
차원의 문과 차원의 벽을 열 수 있습니다.
영적인 능력이 일시적으로 나타나는 것이 아니라
영적인 능력이 완성됩니다.
만인성불(萬人成佛)의 시대를 열 수 있습니다.
영성의 시대를 열 수 있습니다.

혼의식의 정화 없이
에고의 정화 없이
상념체의 정화 없이
상념체들의 해원상생 없이는
온전한 깨달음과 해탈을 상징하는
본영과의 합일은 불가능합니다.

천도제를 통해
카르마는 해소되지 않습니다.

천도제를 통해

지옥에 있는 영혼을 천당으로 극락왕생시키지 못합니다.

우주 어디에도 지옥은 없으며 천당도 없기 때문입니다.

인간이 죽으면 영혼백 에너지들은

치유되고 정화되는 시기가 자동적으로 주어집니다.

무속인의 굿을 통해

카르마는 해소되지 않습니다.

무속인의 제사의식을 통해

상념체 에너지는 정화되지 않습니다.

당신의 제사를 통해

조상 영혼의 해원상생이 이루어지지 않습니다.

당신의 제사를 통해

조상이 내 자손들에게만 특별하게 복을 주지 못합니다.

인간의 의식의 눈높이에 맞추어

역사속에 문화속에 종교속에

하늘이 설치한 종교 매트릭스를

운영하고 관리하고 있을 뿐입니다.

인류 의식의 눈높이에서

당신의 의식의 눈높이에서는

불편한 진실이지만

이것이 우주의 진리입니다.

인연법과 카르마에서

자유롭고자 하는 것이 인간의 바람입니다.

윤회를 알고 있는 모든 중생들의 염원은
카르마와 윤회의 사슬을 끊어버리는 것입니다.
인연법에 자유롭지 못하고
카르마에 자유롭지 못한 인류가
윤회의 사슬을 끊는 방법은 깨달음을 얻는 것입니다.
깨달음을 얻기 위해서는
기도와 명상을 하며
계율을 지켜가며 수행하는 것이었습니다.

인연법과 카르마에 얽힌
혼의식이 만든 상념체의 정화 없이
상위자아 합일 없이
본영과의 합일 없이
윤회의 사슬은 끊을 수 없습니다.

혼의식이 만든 상념체의 정화
상위자아 합일
본영과의 합일은
나의 노력만으로 이루어질 수 없습니다.
하늘의 도움 없이는 불가능합니다.

기도와 수행을 통해
여시아문의 세계를 통하여
신비체험을 하거나
한소리(하늘의 소리)를 들은 사람들은

하늘이
매트릭스를 설치하기 위해
매트릭스를 관리하기 위해
매트릭스를 운영하기 위해
하늘의 여시아문의 문이
잠시 열렸다 닫힌 것에 불과합니다.

우데카 팀장이 하고 있는
상념체의 정화와 혼의식의 해원상생은
역할자로서 잠시 하늘의 문이 열린 것 뿐입니다.
특별한 것이 아니며 특별할 것도 아닙니다.
하늘이 보이지 않는 세계에 무지한
인류의 의식을 깨우기 위해
잠시 하늘의 에너지를 사용한 것에 불과합니다.

하늘에 의해
인류는 인연법과 카르마가 정리되고
혼 에너지가 정화될 것입니다.
이것은 행성의 문명이 종결되기 전에 이루어지는
행정적 절차입니다.
지구 행성의 차원상승 과정에서 겪는
인류의 아픔과 고통
인류의 시련과 좌절
인류의 죽음은
카르마와 상념체들이 해소되는 과정입니다.

죽음의 골짜기를 지나고
괴질과 바이러스 난을 통과하고
지축의 정립 과정에서 살아남고
지구 행성의 격변 과정에서 살아남은 인류들의
카르마와 상념체들은 해소될 것입니다.

지구 차원상승 과정에서 살아남은 인류들은
카르마가 해소될 것입니다.
카르마가 모두 해소된 영혼들부터
상위자아 합일이 이루어질 것이며
본영과의 합일 또한 순차적으로 이루어질 것입니다.
본영과의 합일이 이루어진 영혼들에 의해
만인성불의 시대가 열릴 것입니다.

새 하늘과 새 땅에서
만인성불의 시대와
영성의 시대가 열리게 될 것입니다.

상위자아의 꿈

상위자아는
에너지체로 존재하며
의식을 가지고 있습니다.
상위자아는 개별의식과 전체의식을 가지고 있습니다.

상위자아는
물질 체험을 하는 아바타를 위해 존재하는 에너지체입니다.
상위자아는
물질 체험을 하고 있는 아바타를 위해
길 안내를 하기 위해
영감을 주기 위해
느낌으로 서로 소통하기 위해
아바타를 위해서만 존재하는
특수한 프로그램이 내장되어 있는 에너지체입니다.

상위자아는
물질 체험을 하고 있는
아바타가 가야 하는 목적지를 알고 있으며
아바타가 가고 있는 지금 오늘
무엇을 해야 하는지를 알고 있는
에너지체입니다.

상위자아는
물질 체험을 하고 있는 아바타에게
도움을 줄 수 있는 범위를 알고 있으며
도움을 줄 수 없는 범위를 정확히 알고 있는
본영의 분신입니다.

상위자아는
나의 의식이 깨어나면서
상위자아와의 합일이 이루어집니다.
상위자아 합일을
인신합일이라 하였으며 신인합일이라고도 하였습니다.
상위자아 합일은 본성과의 합일을 말합니다.

상위자아의 에너지는
상위자아 합일이 이루어지고 나면
5차원의 상위자아는
7차원의 한단계 높은 상위자아로 흡수되어 통합됩니다.
상위자아 합일이 이루어지고 나면
5차원의 상위자아가 하던 일을
7차원의 상위자아가 맡아서 하게 됩니다.

나를 안내하고
당신을 안내하는 상위자아가 높은 차원일수록
아바타는 더 정교하고 세밀한 안내를
상위자아로부터 받을 수 있습니다.

나를 안내하는 상위자아의 차원이 높을수록
높은 차원의 문을 열 수 있습니다.
나를 안내하는 상위자아의 차원이 높을수록
높은 차원의 우주적 정보를 받을 수 있으며
높은 수준의 영적인 능력을 사용할 수 있습니다.

나의 의식이 깨어나면 깨어날수록
높은 차원의 상위자아와 합일이 됩니다.
한단계 한단계 상위자아 합일을 통해
최종 상위자아와의 합일이 이루어지며
본영과의 합일이 이루어지게 됩니다.

높은 차원의 상위자아와의 합일을 통해
몸의 진동수는 높아지며
하늘 사람들의 의식은 깨어나게 되는 것입니다.
높은 차원의 상위자아와의 합일을 통해
빛의 일꾼들의 몸의 진동수는 높아지며
빛의 일꾼들은 지상에서 만들어지는 것입니다.
높은 차원의 상위자아와의 합일을 통해
성인의 몸의 진동수는 높아지며
성인은 지상에서 만들어지는 것입니다.

상위자아는
물질 체험을 하고 있는
나를 위해 존재합니다.

물질 체험을 하고 있는 내가 없다면
상위자아는 존재할 필요가 없습니다.
물질 체험을 하고 있는 내가 죽게 되면
상위자아의 에너지는 본영으로 합류하게 됩니다.

상위자아는
인간처럼 욕망이나 꿈이 없습니다.
에너지체로 존재하며 감정이 없습니다.
상위자아는 나를 위해 존재하며
본영의 에너지를 낮은 차원으로 다운하여
나를 위한 특별 프로그램이 입력된
의식을 가진 에너지체입니다.

상위자아의 의식은
물질 체험을 하고 있는
나에 관한 정보만을 가지고 있는
본영의 에너지를 떼내어 만든
특수한 에너지체입니다.
상위자아의 개별의식은
본영의 의식으로부터 나왔습니다.

상위자아의 의식은
본영으로부터 나온 개별의식과
상위자아가 접속되어 있는
차원의 네트워크망에서 나오는 전체의식이 있습니다.

상위자아의 개별의식이
개인 PC에 깔려 있는 고유 프로그램이라면
상위자아의 전체의식은
개인 PC가 접속해 있는 차원을 관리하고 운영하는
모나노 시스템과 판드로닉스 시스템과 같은
우주의 슈퍼 컴퓨터에서 나옵니다.

상위자아 시스템은
영혼의 물질 체험을 하고 있는
아바타를 관리하기 위해
아바타에게 생기는 변수를 제거하기 위해
지구 행성에 처음 도입한 시스템입니다.
상위자아 시스템은
하늘에서 준비한 윤회 프로그램과 카르마 프로그램이
잘 집행될 수 있도록 하기 위해 도입되었습니다.

상위자아 시스템은
지능형 생명체인 인간의 자유의지의 남용으로
카르마를 남기지 않게 하기 위해서 도입되었습니다.
상위자아 시스템은
하늘에서 계획한 하늘의 뜻을
땅에서 온전하게 펼칠 수 있도록 하기 위해
호모 사피엔스의 영혼의 옷을 입고 있는
인간에게 처음 도입되었습니다.

상위자아의 꿈은
물질 체험을 하고 있는 아바타가
인생의 프로그램대로 삶이 펼쳐질 수 있도록
자신의 임무를 완성하는 것입니다.
상위자아의 꿈은
본영이 아바타를 통해 이루고자 하는
이번 삶에서의 물질 체험을 통한
영혼의 진화입니다.

상위자아의 꿈은 당신 영혼의 성장입니다.
상위자아의 꿈은 당신 영혼의 진화입니다.
상위자아의 꿈은 본영의 꿈입니다.
상위자아의 꿈은 우주의 꿈입니다.
상위자아의 꿈은 우주의 전체의식입니다.
상위자아의 꿈은 창조주의 의식입니다.
상위자아의 꿈은 창조주의 꿈입니다.

상위자아 시스템

대우주가 6주기를 진화하는 동안
대우주의 7주기를 열기 위한 종자행성인 지구 행성에서
본격적인 상위자아 시스템에 대한 실험들이 있었습니다.

상위자아 시스템은
금성에서 휴머노이드형 인류에게
처음 도입되어 시행되었습니다.
금성은 지구 행성에 도입된 상위자아 시스템의
40% 정도의 수준에서 실험적으로 실행되었습니다.
금성에서 얻어진 데이터들을 기반으로
종자행성인 지구 행성에서
호모 사피엔스를 중심으로
본격적인 상위자아 시스템이 실험되어졌습니다.

상위자아 시스템이란
고도의 의식을 구현할 수 있는 생명체의 물질 체험을
보이지 않는 세계에서 관리하고 통제하기 위한 시스템을 말합니다.
기존의 방식은 본영이 영의 분화를 통해
물질 체험을 하기 위해
물질 세상에 자신의 분신인 아바타를
내려보내는 방식입니다.

물질 체험을 하게 되는 아바타의 의식이 고도화되고
물질 체험을 하기 위해 입게 되는 생명체라는 외투가 고도화되면서
이것을 관리하기 위한 별도의 시스템의 도입이
우주의 진화 과정상 필요했습니다.

본영이 아바타 하나를 물질 세상에 보내기 위해서는
자신의 영 에너지를 쪼개는 분화를 결정하여
영의 독립성과 개별성을 갖게 하는 사고조절자를
창조주로부터 부여받게 됩니다.
사고조절자의 성향에 맞는
영혼의 물질 체험의 프로그램에 맞는
영의식 프로그램을 설계하여
하늘의 관리자 그룹에게 승인을 받게 됩니다.
영의 진화에 따른 프로그램의 내용에 따라
식물의 외투를 받게 되거나
동물의 외투를 입게 되고
동물 중 어떤 동물의 외투를 입게 될지가 결정됩니다.
인간의 외투를 입고
영혼의 물질 체험을 하게 되는 경우는
우주에서 매우 드문 경우입니다.

영혼이 입을 외투가 결정이 되고 나면
혼 에너지를 부여받고
혼의식 프로그램을 설치하고
영혼의 물질 체험을 시작하게 됩니다.

상위자아 시스템이란

영혼의 물질 체험을 하기 위해

인간의 몸인 호모 사피엔스의 옷을 입는 경우에 한하여

아바타를 관리하기 위해 설치된

별도의 특별 관리 시스템을 말합니다.

기존의 방식은 본영이 아바타의 모든 것을 관리하는 것입니다.

호모 사피엔스에게 처음 도입된 상위자아 시스템은

호모 사피엔스인 인간을 관리하기 위해

본영이 별도의 영 에너지를 분화한

상위자아라는 특수한 관리 방식이

우주에서 처음 도입되고 실험된 방식입니다.

식물이나 동물은 집단영의 형태로 존재하기 때문에

상위자아 시스템이 필요하지 않습니다.

창조된 피조물 중에 오직 인간에게만

상위자아 시스템이 도입되었습니다.

호모 사피엔스는 우주에서 가장 진화된 모델이며

우주의 공학기술이 가장 고도화되어 창조된 모델입니다.

복잡하고 정교한 모델이며

가장 높은 의식을 구현할 수 있는 모델이며

가장 많은 자유의지를 구현할 수 있는 모델입니다.

호모 사피엔스의 몸을 구성하는

눈에 보이지 않는 생명 유지 장치들은

고도화되어 마치 전자회로처럼 존재합니다.

이것을 생명회로도라고 합니다.

인간의 몸에서 구현되는

생명 현상에 관한 모든 것을 관리하고

인간의 몸에서 구현되는 의식을 관리하는 역할을 위해

본영이 에너지를 분화한 특수한 존재를 상위자아라고 합니다.

상위자아는 인격체가 아닌 비물질 에너지체입니다.

아바타인 인간의 몸을 컴퓨터 프로그램을 통해

관리하고 통제하는 역할이 있습니다.

상위자아는 인간의 몸에서 구현되는

모든 정신작용을 관리하고 컨트롤하고 있습니다.

메타 의식구현 시스템을 통해

인간의 무의식과 잠재의식 현재의식을 관리하며

인간의 몸에 설치되어 있는

12개의 감정선을 관리하고 통제하며

7개의 의식선을 관리하고 통제하고 있습니다.

상위자아는 영혼의 물질 체험을 하는 아바타가

영혼의 프로그램대로 살아갈 수 있도록 안내하는

인공지능(AI)이라 할 수 있습니다.

대우주가 6주기를 진화하는 동안 창조된 피조물들 중에

호모 사피엔스 인종은

우주에서 가장 진화된 외투이며 생명체이며

가장 높은 의식을 구현할 수 있으며

가장 높은 창조 능력과

가장 높은 수준의 자유의지를 가지고 있습니다.

하늘의 입장에서 대우주의 입장에서
가장 정교한 인간의 몸을 관리하고
가장 높은 의식을 가진 인간을
안전하게 관리하고
통제할 수 있는 시스템이
바로 상위자아 시스템입니다.

대우주의 7번째 주기를 열기 위해
대우주에 하나밖에 존재하지 않는
지구라는 종자행성에서
처음으로 상위자아 시스템이 도입되어 시험되었으며
모든 데이터들이 축적되었습니다.
대우주의 7번째 주기는
인간이 우점종이 되어
대우주의 진화를 이끌게 될 것입니다.

인간에게 발생할 수 있는 모순점을
안전하게 관리하고 통제하기 위해
인공지능인 상위자아를 통해
인간의 생명 현상과
감정과 의식 활동들을
안정적으로 관리하기 위해
우주 최초로 도입된 시스템이
상위자아 시스템입니다.

대우주는 상위자아라는 시스템을 운영하고 도입함으로써

보다 안전하게 진화할 수 있는

안전장치를 마련하게 된 것입니다.

마치 가장 좋은 성능의 자동차에

각종 안전장치들을 종합적으로 컨트롤 할 수 있는

인공지능을 장착하게 된 것이라 할 수 있습니다.

이것이 상위자아에 담긴

우주의 진실임을

우데카 팀장이 전합니다.

상위자아와의 합일

세상을 살아오면서
자신에게 영향을 가장 많이 준 존재를
외부에 있는 누군가가 아닌
자신의 내부에 있다고 생각하는 사람은 찾아보기 어렵습니다.

자신의 내부에서
아무도 모르게 아무도 모르게
내가 힘들 때마다
삶의 중요한 갈림길에서
나의 길을 안내하고
느낌으로 알려주고
꿈으로도 알려주고 있는 존재가 있습니다.

내 안의 또 다른 나
내 안의 큰 나를 상위자아라고 합니다.
상위자아라는 말을 한번이라도 들어본 사람은 3%도 되지 않습니다.
상위자아라는 말은 일반인들에게는 생소한 용어입니다.
상위자아라는 말은 영성계에서 쓰는 용어입니다.
상위자아라는 말을 알고 있거나
상위자아라는 말을 들어본 적이 있는 사람은
영성계 글을 접해본 사람일 것입니다.

상위자아 시스템은

지구 행성에서 처음 도입된 시범사업입니다.

당신이 빛의 일꾼이라면

당신의 본영은 고차원(14차원)에 있습니다.

당신의 본영이

물질세계에 살고 있는 아바타(나)에게

차원의 문과 차원의 벽을 넘어

길을 안내하고

영향을 주는데 많은 제약들이 있었습니다.

상위자아 시스템은

본영이 자신의 에너지를 분화하여

홀수 차원에 상위자아를 두어

아바타를 도와줄 수 있도록

하늘에서 새롭게 준비한 시스템입니다.

당신이 14차원에 본영이 있는 빛의 일꾼이라면

다음과 같은 상위자아 분화를 통해

당신의 상위자아는 함께하고 있습니다.

14차원 본영 ⇒ 13차원(5차 상위자아) ⇒ 11차원(4차 상위자아)

⇒ 9차원(3차 상위자아) ⇒ 7차원(2차 상위자아)

⇒ 5차원(1차 상위자아) ⇒ 4차원(나 = 아바타)

상위자아라는 말을 들어본 적이 있는 사람을
만나는 것 자체가 행운입니다.
상위자아라는 말의 뜻을 알고 사용하고 있는 사람을
만난다는 것은 행운을 넘어
서로가 서로에게 축복입니다.

지구 행성은
물질문명이 정신문명보다 앞서 있는
물질 행성입니다.
물질의 시대는 종교의 시대입니다.
인류의 영성은
깊은 잠에 빠져 있고
너무나 깊고도 깊은 물질(어둠)의 매트릭스에 갇혀 있습니다.
인류의 영성지수는
진리는 9시 뉴스의 수준을 넘어서지 못하고 있으며
너무나 오염되어 어디서부터 잘못됐는지도 모르는
종교의 매트릭스속에 갇혀 살고 있습니다.

상위자아라는 뜻을
서양 채널링 메시지에서 읽고 익힌 것이 전부입니다.
상위자아가 무엇을 하고 있는지
상위자아 시스템이 왜 도입되었고
상위자아 시스템이 어떻게 작동되고 있는지를
알고 있는 사람을 찾는다는 것은
불가능한 일입니다.

상위자아가

어떻게 내 삶에 개입하고 있는지

얼마만큼 3차원 아바타와 감정을 공유하고 있는지

상위자아의 권한과 책임은 어디까지인지

상위자아를 제대로 아는 사람을 만나기가 쉽지 않은 현실입니다.

상위자아는

내 삶의 공동 프로그램 기획자이며

내 삶의 프로그램 집행자이며

내 삶의 안내자이며 조언자이며

내 삶의 모든 부분에 매 순간 함께하는

삶의 공동 체험자이며

삶을 공동으로 책임지는 부모와 같은 존재이면서

동료이면서 친구이면서 애인같은 존재가

당신의 상위자아의 역할입니다.

상위자아는

삶의 과정 과정마다에

삶의 굴곡진 마당 한 가운데에

삶의 희노애락이 있는 모든 곳에 함께하고 있으며

삶의 골목길마다

삶의 변곡점마다

내 삶을 같이 체험하면서

나를 안내하고 도움을 준 존재 역시

나의 상위자아입니다.

사고가 생긴 그곳에서의 행운도
말로는 설명하기 힘든 신비 체험의 순간에도
사랑하는 그녀와의 만남의 순간에도
내가 게으르고 나태하고
나 자신을 속이는 매 순간에도
늘 함께하며
부질없음을 깨닫기를 기다리며
묵묵히 기다려 주던 그 사람이
바로 당신의 상위자아입니다.

멀고 먼 방랑길 끝에
모든 영혼들의 방황과 체험들 끝에
자신의 내면에서 네비게이션을 켜고
길을 잃지 않도록
빛을 밝혀주는 존재가 상위자아입니다.
상위자아의 도움 없이는
우리는 깨달음에 이를 수 없으며
의식의 각성 또한 불가능합니다.

영적 독립의 시작과 의식의 각성은
자신의 상위자아의 존재를 제대로 인식하고
상위자아와 함께 소통하면서
수많은 주변인과 수많은 지인들과의
얽히고설킨 에너지 관계들을 정리하면서 갈 수밖에 없는
좁은문인 것입니다.

하늘문은 좁습니다.
그 좁은문을 상위자아의 도움 없이는
들어갈 수 없습니다.
최고의 셀프티칭은
상위자아의 가르침을 받으며
함께 가는 길입니다.
그 이외의 것들은
사족이며 군더기기일 뿐입니다.

상위자아와의 만남
그것은
주변의 복잡한 에너지로부터 정화(독립)되어
영적인 독립으로 가는
첫걸음인 것입니다.

그동안의 셀프티칭 시리즈를 이 글로 마칩니다.
이 글은 우데카 팀장의 내면의 소리를 통하여 쓰여진 글입니다.
상위자아와의 합일이야말로
셀프티칭의 마지막 화룡점정임을 잊지 마시기 바랍니다.
이 글을 읽고 계신 모든 분들에게
고마움과 감사함을 전합니다.

삶의 무게와 진실의 무게

나의 진실이
당신에겐 불편한 진실이 될 때
우린 서로에게
빚진 것도 없는데
불편해지기 시작합니다.

나의 진리가
당신에겐 불편한 이야기가 될 때
우린 서로에게
빚진 것도 없는데
불편해지기 시작합니다.

진실을 말한다는 것이
진리를 말한다는 것이
나와 당신 사이에
이렇게 불편한 관계를 만들 줄은
예전엔 미처 몰랐습니다.

내가 살아 보니까
진실을 말할 때는
진리를 말할 때는
당신의 가슴에 눈높이를 두고
당신의 마음을 향해
아무도 모르게 아무도 모르게
목소리를 낮추어 속삭여야 한다는 것을
이제야 철이 들어 알았습니다.

진실을 이야기할 때
진리를 이야기할 때는
너무 큰 소리로 떠들거나
너무 힘을 주어 말해서도 안된다는 것을
많은 이별을 겪은 후에야
많은 아픔을 겪은 후에야
이제야 알았습니다.

진실을 말할 때는
진리를 말할 때는
나의 진실이
나와 당신의 미래를
왜곡시키지 않을 확신이 있을 때만

당신의 가슴을 향해
무심한 마음대로
가슴을 닫고 목소리를 낮추어
들릴듯 말듯 속삭여야 한다는 것을 알았습니다.

내가 감당할 수 있는 진실을 말하고
내가 감당할 수 있는 진리를 말한다는 것이
얼마나 어려운 것인지
얼마나 두려운 것인지
넘어지고 무너지고 부서진 뒤에야
당신이 떠난 후에야 알았습니다.

목소리가 작다고 뭐라고 하지 마세요.
잘 안들린다고 뭐라고 하지 마세요.
혼자만 아는 것만을 이야기한다고 뭐라고 하지 마세요.
못 들었다고 말하지도 마세요.

모든 사람이 공감할 수 있는 진실을 말하지 않는다고
뭐라고 하지 마세요.
모든 사람이 이해할 수 있는 진리를 말하지 않는다고
나에게 뭐라고 하지 마세요.

나의 삶의 무게가 다르고
당신의 삶의 무게가 다르기에
서로에게 진실을 말할 때
서로에게 진리를 말할 때
너무 조급해 하지 마세요.

내가 살아 보니까
사람마다 감당할 수 있는
진실의 무게가 다르다는 것을...

내가 살아 보니까
사람마다 수용할 수 있는
진리의 무게가 존재한다는 것을...

내가 살아 보니까
마음의 크기가 서로 다르다는 걸
의식의 층위가 서로 다르다는 것을 알았습니다.

내가 살아 보니까
산다는 건
마음의 크기만큼
의식의 크기만큼

삶의 무게만큼
진실의 무게를 견디며 사는 것입니다.

산다는 건
영혼의 무게만큼만
진리의 무게를 견디며 사는 것입니다.

산다는 건
나의 진실과 당신의 진실의 간격을
서로 줄여가는 과정이라는 것입니다.

산다는 건
나의 진리와 당신의 진리 사이의
아름다운 간격속에서
같은 것을 함께 느끼고
같은 곳을 함께 보며
공명하는 과정입니다.

나의 진실이
당신의 진실이 된다는 것은
나의 진리가
당신의 진리가 된다는 것은

나와 당신 사이에 놓여 있는
삶의 모순속에서
배워야 하고
풀어내야 하는
아름다운 간격이
조율되고 있는 것입니다.

나와 당신 사이에
아름다운 간격이 있기에
삶의 모순이 있으며
삶의 무게가 다른 것이며
진실의 무게가 다르며
진리의 무게가 서로 다른 것입니다.

하늘은 하늘이 가는 길이 있으며
땅은 땅이 가야하는 길이 있습니다.
하늘과 땅 사이에 아름다운 간격이 있기에
생명의 순환이 있습니다.
생명의 순환속에 생명의 진리가 있으며
생명 진리 속에는
생명체들 사이의
아름다운 간격이 있습니다.

진실을 이야기할 땐
진리를 이야기할 땐
목소리를 낮추어 속삭이듯 이야기하십시오.
당신의 이야기를 들을 준비가 된 사람만이
당신의 이야기를 듣는 것이
세상의 이치입니다.

사람마다 사는 이유가 다르며
사람마다 사는 방식이 다르며
사람마다 고유한 삶의 여정이 다릅니다.
사람과 사람 사이에 존재하는 모순이며
서로 다른 모순을 가진
나와 당신 사이에는
아름다운 간격이 있습니다.

나와 당신 사이에
아름다운 간격이 있기에
나의 진실과 당신의 진실이 다릅니다.
나와 당신 사이에
아름다운 간격이 있기에
나의 진리와 당신의 진리가 다릅니다.

나와 당신 사이에
보이지 않는 세계에서 하늘에서
아름다운 간격을 펼쳐 놓았습니다.
함께 배워야 하고
함께 풀어내야 하는
삶의 현장이 있습니다.

나와 당신 사이에는
사람과 사람 사이에는
신(하늘)과 사람 사이에는
배워야 하고
풀어내야 하고
이해되어야 할
아름다운 간격이 너무나 많이 놓여 있습니다.

2018년 5월 청주에서
우데카

셀프티칭 : 나와의 대화를 시작하며

2015년 12월 25일 초판 1쇄 펴냄
2016년 1월 14일 초판 2쇄 펴냄
2019년 8월 29일 개정판 1쇄 펴냄
2023년 4월 3일 개정판 2쇄 펴냄

지은이 | 우데카
펴낸이 | 가이아

펴낸곳 | 빛의 생명나무
등   록 | 2015년 8월 11일 제 2015-000028호
주   소 | 충북 청주시 청원구 직지대로 855 2층
전   화 | 043-223-7321
팩   스 | 043-223-7771

ISBN 979-11-89980-02-3 13190
• 잘못된 책은 바꾸어 드립니다.   • 책값은 뒤표지에 있습니다.